Der Erfurter Weihnachtsmarkt

Fotografie: Angela Liebich

Eine Produktion des
E. Reinhold Verlages – Bücher aus Mitteldeutschland

In Zusammenarbeit mit
der Stadtverwaltung Erfurt
und der Zeitungsgruppe Thüringen

Mit freundlicher Unterstützung von

SWE
Stadtwerke Erfurt Gruppe
SWE Energie GmbH

Der Erfurter

Weihnachtsmarkt

E. Reinhold Verlag

Inhaltsverzeichnis

Einleitung

☆ Erfurt im Advent – Wenn sich die große Weihnachtspyramide zu drehen beginnt   6

Kapitel 1   Die Geschichte

☆ Weihnachtsstimmung auch schon in alter Zeit   8

☆ Der Erfurter Christmarkt um 1850   10

☆ „Kauft am Platze" – Das Kaufhaus und der Weihnachtsmarkt   12

☆ Ein Volksfest – Vom Christmarkt zum Weihnachtsmarkt   14

Kapitel 2   Das Ambiente

☆ Vom Dom beschützt – Auf diesem Platz ist gut handeln   16

☆ Vom blauen Waid zum „Schwarzen Löwen" – Der Anger   18

☆ Die gute Stube – Vom Fischmarkt grüßt der heimliche Roland   20

☆ Die Krämerbrücke – Quirliges Treiben über dem Wasser   22

☆ Das „deutsche Rom" – Hier waren sie alle: Bonifatius, Luther, ...   24

Kapitel 3   Die Wahrzeichen

☆ Weihnachtsbaum und Krippe – Wo der Weihnachtsmarkt seine Mitte hat   26

☆ Adolf Steys historisches Karussell   28

☆ Der Märchenerzähler Andreas vom Rothenbarth   30

☆ Florales zu Weihnachten – Die Weihnachtsbindeschau des egaparks Erfurt   32

☆ Die ganze Welt auf dem Domplatz   34

Kapitel 4   Stände und Spezialitäten

☆ Erfurter Schittchen – Der ganz spezielle Stollen   36

☆ Die Weihnachtsbackstube hat geöffnet – die Öko-Plätzchen   38

☆ Weigelt's Schmalzbäckerei   39

☆ Rote Erdbeeren und Schokofrüchte – Leckereien   40

☆ Fast 1000 Jahre alt – der beliebte Lebkuchen   41

☆ Kleine Köstlichkeiten in Schwarz und Weiß – Rotstern-Schokoladen   42

☆ Das Thüringische Wurstparadies   46

☆ Die Thüringer Rostbratwurst – ein Lebensgefühl   48

☆ Eine duftende Verlockung – das Glühweinstüb'l   50

☆ Weingut Waller – Das Geheimrezept für Glühwein   52

☆ Lauschaer Glas – Wo der Weihnachtsbaumschmuck herkommt   54

☆ Thüringer Glas aus Schleiz? – Birgit Poppes Stand   56

☆ Thüringer Töpferhandwerk   58

☆ In der Möbisburger Töpfermühle – Ein Besuch bei Hartmut Kummer   60

☆ Kräuter aus dem Mittelgebirge – Ein Lebenselixier   62

☆ Kunsthandlung Valdeig – Der Maler Jürgen Valdeig   64

☆ Immer gut behütet – Das Mützenhaus van Aerßen   66

☆ Christophoruswerk Erfurt – Einer nehme sich des anderen an   68

☆ Holzkunst auf der Krämerbrücke – Kunsthandwerkerin Gabriele Leuschner   72

☆ Vom Blaudruck bis zum Strohstern – Kunstgewerbe Niklaus   74

☆ Die Goldhelm Schokoladenmanufaktur – Chocolatier Alex Kühn   76

☆ Adressenverzeichnis   78

Erfurt im Advent

Wenn sich die große Weihnachtspyramide zu drehen beginnt

Vorfreude, schönste Freude – auf keine Zeit des Jahres trifft das mehr zu als auf den Advent. Manch einer sehnt schon im grauen Monat November das Lichterfest herbei. Und wenn dann endlich die Vorweihnachtszeit da ist – wen wird es nicht mit den Kindern unwiderstehlich zum Weihnachtsmarkt ziehen, dorthin, wo an den frühen Dezemberabenden heller Lichterglanz aus unzähligen Ständen und Buden dringt und den ganzen Platz hell erleuchtet, wo weihnachtliche Weisen durch die kalte Winterluft schwingen und das Herz erwärmen, wo sich bunte Karussells drehen und wo es bei jedem Schritt anders süß und zugleich würzig nach Gebackenem und Gebratenem duftet, nach Tannengrün und Räucherwerk. Der Weihnachtsmarkt prägt die vorweihnachtliche Zeit. Die Besuche dort gehören zu unseren Adventsbräuchen von Kindheit an. Und wie an kaum etwas anderem halten wir an ihnen fest – ein Leben lang.

Der Erfurter Weihnachtsmarkt mit dem Ambiente der einzigartigen historischen Altstadt, mit seinen vielen Ständen und Attraktionen und natürlich mit der schon sprichwörtlichen thüringischen Herzlichkeit der Landeshauptstädter ist einer der schönsten Weihnachtsmärkte Deutschlands. Seit dem Advent des Jahres 2005 ist die große Pyramide auf dem Domplatz sein Wahrzeichen. Ihre Spitze ist den Turmspitzen des Mariendoms nachempfunden. Auf der unteren Etage ist das Marktleben mit seinen Ständen, Händlern und Besuchern dargestellt. Auf der zweiten Etage drehen sich – als Reverenz an die Heimat der Weihnachtspyramiden – erzgebirgische Figuren: Bergmann und Engel, Nussknacker und Räuchermann. Die dritte Etage ist der Stadt Erfurt gewidmet. Neben der Gloriosa, der berühmten Domglocke aus dem 15. Jahrhundert, zeigt sie Persönlichkeiten der Stadtgeschichte: den Stadtpatron Martin von Tours, den Heiligen Bonifatius, der in Erfurt eine Kirche bauen ließ und das Bistum gründete, Till Eulenspiegel, der im Mittelalter die Professoren der Erfurter Universität foppte, indem er einem Esel das Lesen beibrachte, den Mathematiker Adam Ries und den Reformator Martin Luther. Auf der vierten Etage befinden sich Kurrendesänger und auf der obersten Etage Fanfarenengel. Die große Weihnachtspyramide ist ein Geschenk der Händler, der Schausteller und vieler weiterer Unternehmen, die mit dem Erfurter Weihnachtsmarkt verbunden sind, an die Bürger der Stadt. Geschaffen wurde sie in der Werkstatt der Firma Erzgebirgi-

sche Holzkunst Gahlenz GmbH. Der heute weltberühmte Kunsthandwerksbetrieb fertigt seit 1928 in althergebrachten Techniken original erzgebirgische Erzeugnisse, die von Sammlern geschätzt und übrigens auch auf dem Erfurter Weihnachtsmarkt an einem eigenen Stand angeboten werden. Die nicht weniger als zwölf Meter hohe Pyramide auf dem Domplatz aber zählt zu den Meisterwerken der renommierten Werkstatt. Mit ihrer kunstvollen Verknüpfung von weihnachtlichen und stadtgeschichtlichen Motiven ist sie zu einem schönen Symbol für das weihnachtliche Erfurt geworden. Wenn sich bei der Eröffnung des Weihnachtsmarktes die Pyramide zu drehen beginnt, dann dreht sich um sie gleichsam die ganze Stadt.

Das vorliegende Buch, das mit freundlicher Unterstützung der Erfurter Stadtverwaltung, der Stadtwerke Erfurt und der Zeitungsgruppe Thüringen entstand, stellt den Erfurter Weihnachtsmarkt in seiner Gegenwart und in seinen Traditionen vor. Es erzählt die Geschichten, die mit all dem verbunden sind, was es hier zu sehen und zu hören, zu riechen und zu schmecken, zu kaufen und zu probieren, zu gewinnen und zu erleben gibt. Mit all diesen Erzählungen, Impressionen, Plaudereien und Empfehlungen spaziert das Buch von Marktstand zu Marktstand und von Attraktion zu Attraktion.

Der literarische und fotografische Bummel beginnt mit einer Reise in die Vergangenheit. Das Eingangskapitel erzählt von der Entstehung und Entwicklung der Weihnachtsmärkte im Allgemeinen und von der Geschichte des Erfurter Marktes im Besonderen. Das zweite Kapitel begibt sich auf einen Streifzug durch die mittelalterliche Innenstadt mit ihrem besonderen Flair rund um den Domplatz, den Anger, den Fischmarkt und die Krämerbrücke. Das dritte Kapitel stellt die Attraktionen vor, die neben der großen Weihnachtspyramide zu Wahrzeichen des Erfurter Weihnachtsmarktes geworden sind: die fast lebensgroße Holzkrippe unter dem Weihnachtsbaum, die Weihnachtsbindeausstellung, der Märchenwald. Aber was wäre der Weihnachtsmarkt ohne seine Händler mit all ihren Ständen und Spezialitäten. Deshalb taucht das vierte Kapitel ein in die vorweihnachtliche Atmosphäre aus unzähligen verführerischen Düften und Klängen, aus Lichtglanz und Vorfreude im Advent. Möge auch der Leser sich von ihr verführen lassen.

Weihnachtsstimmung

auch schon in alter Zeit

Der Weihnachtsmarkt erfasst alle Sinne. Welch ein Duft zieht von ihm heran, lockt in die Gassen, zwischen Buden und Marktstände! Dieser Geruch von frischen gebrannten Mandeln, Waffeln, Zuckerwatte und Gebäck ist einmalig und unglaublich verführerisch. Von den glosenden Rosten der Bratwurststände steigen bläuliche Schwaden jenes würzigen Wohlgeruchs auf, den nur Holzkohlenrauch verbreiten kann. Er weckt den Appetit auf frisch gebratene Würste und Rostbrätel. Und nirgendwo ist Glühwein ein köstlicheres Getränk als hier, inmitten des Marktgetümmels. Zu all dem gehört natürlich auch Musik. Es sind die leiseren Töne, die allenthalben zu hören sind. Je seltener und je verhaltener die altbekannten Melodien erklingen, um so besser erreichen sie uns tatsächlich. Wie stimmungsvoll ist dies Erleben, wenn sich der abnehmende Schein der Abendsonne mit dem zunehmenden der Lichterketten mischt! Der Marktplatz wird von goldenem Glanz überzogen, das Gewirr der umstehenden Häuser und die hochaufragenden Kirchen erscheinen wie filigrane Scherenschnitte. Hier und da leuchtet aus ihnen ein Fenster einladend auf. Vor allem aber: In der Mitte des Marktes

erhebt sich der Weihnachtsbaum. Seine unzähligen Lichter lassen mit einsetzender Dämmerung ein märchenhaftes Sternenmeer aufleuchten. Das ist der Ort, an dem der Nikolaus, der Weihnachtsmann oder das Christkind, jeder mit seinen Helfern, erscheinen und an Kinder kleine Geschenke verteilen. Genauso wenig fehlen Figurengruppen, die Märchenszenen darstellen oder Weihnachtskrippen zeigen, mitunter sogar mit echten Tieren.

Wenngleich die Weihnachtsmärkte nicht immer so stimmungsvoll und prächtig wie heute waren, so haben sie schon vor Jahrhunderten Groß und Klein in ihren Bann gezogen. Folgt man den Überlieferungen, so gehört der Bautzener Weihnachtsmarkt zu den ältesten in Deutschland. Von ihm ist bereits 1384 die Rede. Auch in Frankfurt am Main wird schon im ausgehenden 14. Jahrhundert von weihnachtlichem Markttreiben berichtet: 1393 wird es erstmals urkundlich erwähnt. Knapp vierzig Jahre jünger ist der berühmte Dresdner Striezelmarkt. Die großen süddeutschen Märkte stehen ihm kaum nach. Als ältester unter ihnen gilt der Augsburger. 1498 wird er als Lebzeltermarkt

zum ersten Mal erwähnt. Wesentlich jünger ist dagegen der Nürnberger Christkindlesmarkt, der offenbar mitten im Dreißigjährigen Krieg gegründet wurde: 1628 ist vom „Kindles-Marck" die Rede. Auch in München haben die Kriegswirren den Christkindlmarkt nicht verhindern können. Am 5. und 6. Dezember 1642 wird zunächst von der Nikolaidult berichtet, die bis heute gefeiert wird. Sie gilt als der Ursprung des Christkindlmarktes. In Stuttgart und Braunschweig haben wiederum die Weihnachtsmärkte eine bis ins ausgehende 17. Jahrhundert reichende Tradition. In Leipzig musste man sich indes noch bis 1767 gedulden, um den Weihnachtsmarkt besuchen zu können. Zu den jüngeren unter den traditionsreichen Weihnachtsmärkten gehören der Hannoveraner und der Erfurter. Über einhundertfünfzig Mal haben aber auch sie bereits für ein vorweihnachtliches Markttreiben gesorgt. Doch im Folgenden soll nun ausschließlich von letzterem die Rede sein, dem Erfurter Weihnachtsmarkt, einem der schönsten Weihnachtsmärkte in Deutschland, der seit 1850 alljährlich unzählige Gäste auf den Domplatz und in die historische Innenstadt lockt.

Der Erfurter Christmarkt um 1850

Als Krämer „kleine vierfüßige Tiere, Holz, Brot und Spielzeug" feil hielten

Im Anfang war das Wort, das amtliche Wort. Und das klingt nüchtern, streng und so gar nicht weihnachtlich:

„Auf den Grund der Bestimmung der allgemeinen Gewerbe=Ordnung vom 17. Januar 1845 Tit. IV. § 75 bis 87 und mit Berücksichtigung der örtlichen Verhältnisse wird, in Beziehung auf den hiesigen Marktverkehr, Folgendes verordnet.

§ 1   Mit höherer Genehmigung bestehen zur Zeit in hiesiger Stadt
1. wöchentlich zwei Wochenmärkte,
2. drei Jahrmärkte,
3. fünf Roß- und Viehmärkte,
4. die Spittelkirmse,
5. die Peterkirmse und
6. der Christmarkt."

Der Christmarkt dauerte, genau wie die Jahrmärkte, acht Tage. Er begann am 17. Dezember und endete am Abend des 24. Dezember, direkt vor dem Weihnachtsfest. Dieser Markt, das zeigt die dafür erlassene Ordnung, war etwas Besonderes. So durften auf ihm nur einheimische Händler ihre Waren feilhalten – eine Festlegung, die es sonst nicht gab. Dadurch sollte wohl den Erfurter Händlern ein gutes Weihnachtsgeschäft ermöglicht werden. Eine Ausnahme gab es allerdings: Wer Südfrüchte auf den Markt brachte, konnte auch von auswärts zum Christmarkt kommen. Um 1850 handelte es sich dabei vor allem um Zitrusfrüchte. Exotische Früchte blieben jedoch die Ausnahme, zumal ihr Preis hoch war. Äpfel und Nüsse dagegen galten als gängige Obstwaren. Doch sie gaben dem Christmarkt noch nicht sein typisches Gepräge, denn alle anderen Waren, die auf den Ladentischen der Buden und Verkaufsstände angeboten, ja sogar „in den Straßen und Häusern zum Verkauf herumgetragen" werden durften, unterschieden sich nicht von jenen, die sonst auf den Wochen- und Jahrmärkten zu haben waren: „Kartoffeln, Getreide, Mehl jeder Art, Brot, Semmeln und ähnliche Backwaaren, kleine, vierfüßige Thiere, Kälber, Schaafvieh, Schweine, Ziegen, Fleisch und Fleischwaaren (frisch, gesalzen und geräuchert)". Außerdem konnte man „Gras, Heu, Viehfutter, Stroh, Besen aus Reisern, grobe Geflechte aus Holzspänen, Weiden, Schilf, Rohr, Bast, Flachs, Hanf, leinernes Garn, Zwirn, Band und Strümpfe aus Leinen, Leinewand, Zwillich, Drillich, Brennholz, Holzkohlen, Harz, Theer, Pech, Bau-, Nutz- und Schierholz, Pfähle, Bretter, Latten, Dachsplitten und wollenes Strickgarn" kaufen. Kurzum, der Erfurter Christmarkt war um 1850 zunächst ein Handelsplatz, auf dem man sich mit allem Lebensnotwendigen eindecken konnte. Eine weihnachtliche Stimmung hätte bei einem derartigen Angebot trotz der Südfrüchte wohl kaum aufkommen können − wenn da nicht auch „Spielzeug für Kinder, Zuckerbäcker- und Lebküchlerwaare" auf dem Markt erlaubt gewesen wären.

Spielzeug für Kinder! Wie viele Weihnachtswünsche sich dahinter wohl verborgen haben, wie viele sehnsüchtige Blicke auf die Miniaturwelten, mit denen im Spiel der Alltag der Erwachsenen nachempfunden werden sollte. In der Mitte des 19. Jahrhunderts zeigte sich, dass im zunehmenden Maße Spielzeug geschlechterspezifische Züge erhielt. Puppenhäuser kamen in Mode. Durch sie sollten Mädchen bereits spielerisch auf ihre Rolle als Mutter und Hausfrau vorbereitet werden. Für Jungen dagegen waren Steckenpferde, Kaufläden, Soldaten aus Holz oder Zinn, Trommeln und kleine Messingkanonen gedacht.

Die Spielwarenhändler jener Zeit handelten mit Puppen aus Sonneberg und Waltershausen. Natürlich durften darüber hinaus Puppenmöbel und Puppengeschirr im Sortiment genauso wenig fehlen wie die aus dem Erzgebirge stammenden Reifentiere. Ganze Menagerien, bunt bemalt, bevölkerten die Ladentische der Spielzeughändler. Zu deren größten Attraktionen gehörten um 1850/60 die so genannten Archen, Holzschiffe, in denen bis zu 400 Reifentiere Platz fanden. Mit der immer rascher voranschreitenden Industrialisierung veränderte sich auch allmählich das Spielzeugangebot. Neben den Spielwaren aus Holz fanden in zunehmendem Maße jene aus Metall Verbreitung: Dampfmaschinen und Eisenbahnen aus Blech oder Herde für die Puppenküche, auf denen man richtig kochen konnte, gehörten nach 1880 zu dem Spielzeug, das auf den Wunschzetteln der Kinder wohl ganz oben stand.

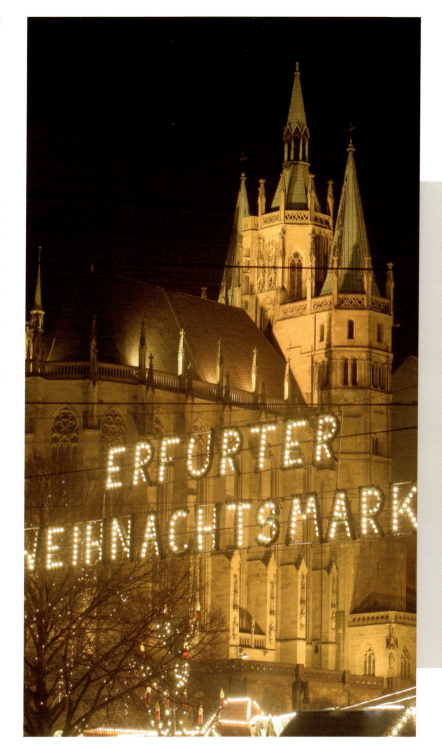

„Kauft am Platze"

Das Kaufhaus und der Weihnachtsmarkt

Noch während des späten 19. Jahrhunderts entstanden in vielen deutschen Großstädten die ersten großen Warenhäuser – eine Entwicklung, die das Marktgeschehen wesentlich beeinflusste. Das erste Warenhaus gründete Leonhard Tietz 1879 in Stralsund, das erste Warenhaus im französischen Stil 1885 in Wuppertal-Elberfeld. Der Vorteil des Warenhauses gegenüber dem traditionellen Marktplatz ist in den kurzen Wegen, vor allem aber in der ständigen Verfügbarkeit der Waren und im Witterungsschutz zu sehen.

Freilich vergingen noch rund zwanzig Jahre, bis Oscar Tietz, der Bruder von Leonhard Tietz, in Erfurt ein Kaufhaus eröffnete und der Christmarkt eine durchaus ernstzunehmende Konkurrenz erhielt. Am Anger 1 entstand in zweijähriger Bauzeit das „Kaufhaus Römischer Kaiser". Der Name stammte von einem Hotel, das sich zuvor an dieser Stelle befand. Wer hier Geschenke einkaufte, verfügte schon über die nötige Geldbörse, auf jeden Fall in höherem Maße als der Besucher des Weihnachtsmarkts. Ob hier indes der mechanische Christbaumuntersatz – „in 3 effektvollen Formen, darunter als letzte Neuheit ‚Gloriosa', ein höchst vollkommenes Dreh- und Spielwerk mit auswechselbaren Noten, somit gleichzeitig eine permanente, prachtvoll tönende Hausmusik" – verkauft wurde, ist nicht überliefert. Der Preis von 25 Mark überstieg jedenfalls deutlich den in Erfurt zu dieser Zeit üblichen durchschnittlichen Wochenlohn. Wer sich derlei weihnachtlichen Luxus nicht leisten konnte, dem bot der Weihnachtsmarkt dennoch allerlei für den Festtagsglanz.

Niels Lund Chrestensen, in Erfurt bekannt als Gründer der Kunst- und Handelsgärtnerei, aus der das noch heute bestehende Samen- und Pflanzenzuchtunternehmen N.L. Chrestensen hervorgegangen ist, schreibt genau zu dieser Zeit: „Je glänzender der Baum, desto größer der Jubel. Um den Glanz und das Strahlen noch zu erhöhen, hilft man sich mit Goldpapier, vergoldeten Nüssen und Aepfeln, Glaskugeln etc. Aber keins von Allen kann einen solchen Effect hervorbringen, als meine unten empfohlenen neuen Christbaumverzierungen. Dieselben sind in unzähligen Mustern fabricirt und stellen die verschiedensten Gegenstände dar. Da findet man auf das Sauberste gearbeitet und auf das Täuschendste nachgebildet Körbchen, Sterne, Leiterwagen, Nistkästen, Gewehre, Musikinstrumente, Fässchen, Ofen, Schiffe, Luftballons, Lampions,

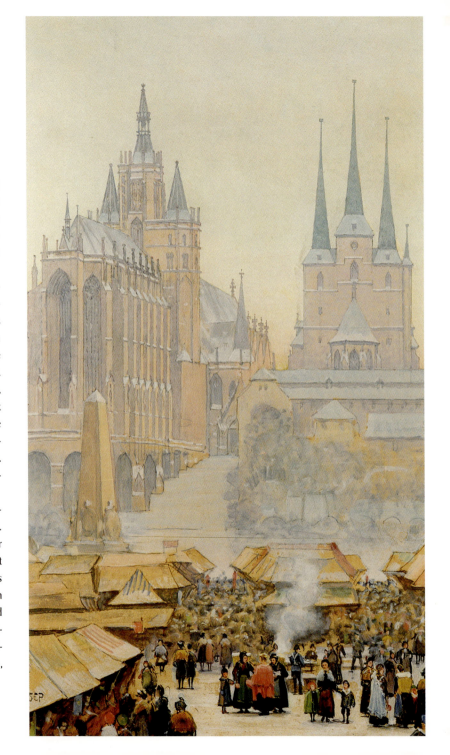

u.s.w. u.s.w. und dabei alles zu solch niedrigen Preisen, dass meine Verzierungen den billigsten Christbaumschmuck darstellen." Aus dem Firmenkatalog von Chrestensen ist weiter zu erfahren, dass man auf dem Erfurter Christmarkt und natürlich auch an anderen Orten Christbaumsortimente aus Metallpapier mit 35 bis 60 verschiedenen Gegenständen kaufen konnte und dafür zwischen vier und fünfzehn Mark zu bezahlen hatte. Dafür war demnach unter Umständen ebenfalls ein Wochenlohn fällig. Um ihn überhaupt zu verdienen, blieb oft wenig Zeit für die zum Fest nötigen Einkäufe. Deshalb verwundert es wohl kaum, wenn im Erfurter Allgemeinen Anzeiger am 18. Dezember 1900 zu lesen ist: „Bei dem Herannahen des Weihnachtsfestes dürfte es von Interesse sein, dass das Verschieben von Weihnachtseinkäufen bis zum letzten Augenblick durchaus nicht rathsam ist. Je früher man kauft, desto größer ist die Auswahl. Aber abgesehen davon bedeutet es auch eine nahmhafte Erleichterung für die meisten Geschäftsinhaber und Angestellten mit Rücksicht auf deren außerordentlich große geistige und körperliche Inanspruchnahme in dieser Zeit, wenn die Einkäufe

nicht in den späten Abendstunden und nicht in den letzten Tagen vor Weihnachten besorgt werden. Die hiesige Ortsgruppe des Deutschnationalen Handlungsgehilfen-Verbandes bittet uns, auf diesen Umstand besonders aufmerksam zu machen und unserem neulichen Mahnruf: ‚Kauft am Platze‘ auch den hinzuzufügen: ‚Kauft nicht erst im letzten Augenblick und nicht in den späten Abendstunden.‘" Derlei Hinweise sind über einhundert Jahre alt! Ob sie je gelesen oder gehört und beherzigt wurden, davon weiß der Chronist nichts zu berichten.

Auch in den nachfolgenden Jahrzehnten – eine politisch äußerst spannungsreiche Zeit – diente der Christmarkt vorrangig dem Handel mit für die Weihnachtszeit typischen Erzeugnissen. Marktordnungen legten die Regeln fest und bestimmten das feilzuhaltende Warenangebot. Auf dem Weihnachtsmarkt war von „getrockneten, gebackenen oder eingemachten Garten-, Wald- oder Feldfrüchten" bis hin zu „Tuch- und Filzschuhen" sowie „Kramwaaren aller Art und Spielzeug für Kinder" alles zu haben.

Ein Volksfest

Vom Christmarkt zum Weihnachtsmarkt

Wenn die Kunden bei einem so umfangreichen Angebot von der Qual der Wahl gepeinigt wurden, dann hatten die Händler ganz andere Probleme. So stand ihnen nach amtlicher Satzung nicht das „Recht auf Einräumung einer bestimmten Stelle und einer bestimmten Größe des Marktstandes" zu. Außerdem hatten die „Wagen, welche behufs Anfuhr der Waaren oder Handelsutensilien" auf den Marktplatz fuhren, diesen „nach erfolgtem Abladen" sofort wieder zu verlassen. Auch der Aufbau der Buden war genau geregelt. Aus heutiger Sicht weniger verständlich sind dagegen jene Verbote, die zum einen den Verkauf geistiger Getränke untersagten und zum anderen das „müßige, zwecklose Umherstehen, wodurch die freie Passage beengt und bei entstandener Unruhe bei Zusammenlauf vergrößert wird", als Verstoß gegen die Marktordnung bezeichneten.

Erst nach dem Zweiten Weltkrieg wandelte sich der traditionelle Christmarkt zu einem regelrechten Volksfest, zu dem natürlich auch die unterschiedlichsten Vergnügungen gehörten. Mitte der fünfziger Jahre des vergangenen Jahrhunderts fand man Karussells, Riesenräder und Schiffsschaukeln ebenso auf dem Weihnachtsmarkt wie die Stände, an denen Süßwaren, warme Speisen, Glühwein und andere Getränke angeboten wurden. Puppentheater, ab und an auch ein Drehorgelspieler und immer häufiger Chöre und Instrumentalvereinigungen sorgten für Unterhaltung. Seit 1958 lockt ein Märchenwald Kinder und Eltern in das weihnachtliche Markttreiben, das durch die von den Erfurter Künstlern Hannelore Reichenbach und Kurt Buchspieß geschaffenen Märchenfiguren ein ganz eigenes, aber gerade zu dieser Jahreszeit gehörendes Gepräge bekommen hat. Denn wann kann man besser Märchen erzählen oder ihnen lauschen als eben an den langen Dezemberabenden? Und wo bekommen die Märchenfiguren eine so wunderbare Gestalt wie auf dem Erfurter Weihnachtsmarkt? Da begegnet man dem Gestiefelten Kater, dem Schweinehirt und der Gänsemagd, dem singenden, springenden Löweneckerchen, Hänsel und Gretel, Rumpelstilzchen, dem Zwerg Nase, um nur einige zu nennen, und natürlich fehlen auch Schneewittchen und die sieben Zwerge nicht. Über vierzig Jahre später hat auch eine Krippe mit vierzehn nahezu lebensgroßen Figuren auf dem Weihnachtsmarkt ihren Platz gefunden. Durch sie wird

man wohl am sinnfälligsten an den eigentlichen Anlass des Marktes, an das Weihnachtsfest und damit an Christi Geburt erinnert. Darüber hinaus gehört seit 2005 eine acht Meter hohe Weihnachtspyramide zu den weithin sichtbaren Anziehungspunkten. Auf fünf Etagen können hier Personen der Erfurter Geschichte sowie weihnachtliche Szenen bewundert werden. Dass zudem die Mitte des Domplatzes von einem hohen Weihnachtsbaum markiert wird, gehört zu den Selbstverständlichkeiten wie auch jene stimmungsvolle Atmosphäre, die gerade von diesem Baum ausgeht, wenn seine Lichter der abendlichen Marktstimmung einen ganz besonderen Glanz verleihen. Diesen spürt man übrigens in der gesamten Innenstadt von Erfurt, denn der Weihnachtsmarkt zieht sich mittlerweile vom Domplatz über den Fischmarkt und den Anger bis zum Willy-Brandt-Platz. Über zweihundert Holzhäuser mit den unterschiedlichsten Warenangeboten laden zum Besuch ein. Und in jedem Jahr kommen zirka zwei Millionen Besucher. Denn der Erfurter Weihnachtsmarkt ist inzwischen legendär. Er ist einer der schönsten Weihnachtsmärkte Deutschlands.

2

Vom Dom beschützt

Auf diesem Platz ist gut handeln

Viele Straßen führen nicht nur nach Rom, sondern auch nach Erfurt. Und dies bereits seit über tausend Jahren. Es heißt, bereits im 8. Jahrhundert habe die spätere Via Regia – die Hohe oder besser die Königsstraße – ihren Verlauf durch das heutige Erfurter Stadtgebiet genommen. Durch archäologische Funde ist bekannt, dass während des Mittelalters eben jene königliche Straße vom Lauentor her in Richtung Marktstraße den Domplatz überquert hat. Reisende und Händler, die aus dem Westen kamen, haben demnach unterhalb des Domes jenes Gebiet der Stadt betreten, das für Handel und Wandel zunehmende Bedeutung erlangen sollte. Dabei waren die Voraussetzungen zunächst gar nicht so günstig. Die Archäologen berichten von Hinweisen auf altes Sumpfgelände und Teiche. Doch spätestens während des 12. Jahrhunderts breitete sich hier, zwischen dem Dom, dem Peterskloster und der Stadt, allmählich ein Marktplatz aus, den Kaufleute und Händler aus Frankfurt am Main, Hanau, Fulda und Eisenach genauso gerne aufsuchten wie jene, die aus Naumburg, Leipzig, Eilenburg, Bautzen, Görlitz oder Breslau kamen. Flandrische Tuche kamen aus dem Westen, Holz, Felle, Wachs und Honig aus dem Osten. Aus Thüringen selbst stammten Waid und Krapp, blau- bzw. rotfärbende Pflanzen. Salz von den thüringischen Solequellorten und aus Halle, Kupfer aus dem Mansfeldischen und Zinn aus dem Erzgebirge haben ebenfalls auf schweren Wagen ihren Weg nach Erfurt gefunden.

Aufgrund des vielfältigen Marktgeschehens entstanden Spezialmärkte. Der Salzmarkt war den Salzhändlern und Salzkärrnern vorbehalten. Den Rübenmarkt nutzten die Bauern und Krautgärtner des Umlandes, ebenso den Viehmarkt, wo sie mit Schweinen, Schafen, Ziegen oder Geflügel handelten. Der Käsemarkt bot Milch und Milchprodukte. Vor allem aber der Waidmarkt sorgte für den wachsenden Reichtum in der Stadt. Das Erfurter Waidhandelsmonopol, mit dem nur noch das der Stadt Görlitz konkurrierte, erwies sich lange als ständig sprudelnde Geldquelle. Zum Gesamtensemble gehört auch der Gradenmarkt. Die Domtreppe gab ihm den Namen, denn das lateinische gradus bedeutet Stufe.

Das Bild des heutigen Domplatzes während der Wochenmarkttage, vor allem aber in der Zeit des Weihnachtsmarktes, lässt ahnen, welch Leben und Treiben hier einst herrschte. Dabei ist nicht zu vergessen, dass derlei Marktgeschehen existenzielle Bedeutung hatte. Von ihm hing ab, was in den Erfurter Töpfen und Pfannen schmurgelte und brutzelte.

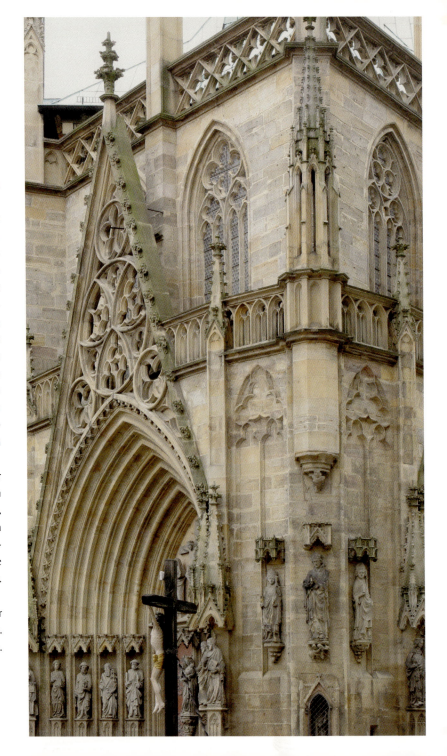

Der Domplatz war aber nicht allein ein Ort friedlichen Warenverkehrs. Nicht selten war er Forum von Strafgerichten. Hier stand der Galgen. Und nicht allzu weit davon, so die Überlieferung, sei das Haus des Henkers gewesen. Auch von einem Zollhaus und einer Münzprägestätte ist die Rede. Es fällt heute schwer, sich den Domplatz teilweise bebaut vorzustellen. Das war jedoch bis zu den heftigen Kanonaden 1813, während des Kampfes gegen Napoleon, der Fall, durch die Erfurt schwer in Mitleidenschaft gezogen wurde. Fast zweihundert Häuser unterhalb des Domes und vor der Severikirche fielen in Schutt und Asche. Als Erfurt nach dem Wiener Kongress an Preußen ging, ließen die neuen Stadtherren das Trümmerfeld beräumen und einen Exerzierplatz errichten.

Von derlei martialischem Geschehen ist heute allerdings nichts mehr zu spüren. Dafür bietet sich dem Betrachter ein überaus attraktives Bild, zu dem seit dem späten 18. Jahrhundert auch der Obelisk für den kurmainzischen Erzbischof Friedrich Karl von Erthal und der Minervabrunnen beitragen. Das Gasthaus „Hohe Lilie" und die „Grüne Apotheke" lassen ahnen, welch prächtiges Aussehen der Platz während des 16. und 17. Jahrhunderts hatte.

2

Vom blauen Waid zum „Schwarzen Löwen"

Der Anger – ein Marktplatz mit Geschichte

Neben dem Domplatz gehört der Anger zu jenen Orten, die Erfurt ein unverwechselbares Gepräge gegeben haben. Schon die langgezogene, trichterförmige Gestalt des Platzes ist ungewöhnlich. Am Ende des 12. Jahrhunderts ist zum ersten Mal von ihm die Rede. Als Anger wurden zu dieser Zeit Wiesen oder Weideplätze bezeichnet, die in unmittelbarer Nähe einer Siedlung zu finden waren. Für Erfurt bedeutet dies: Zwischen den ältesten Bereichen der Altstadt und der Stadtmauer war womöglich unbebautes Gelände zu finden, auf dem Vieh geweidet werden konnte. Dies geschah indes wohl nicht allzu lange, denn der Anger ist vor allem als Handelsplatz der Erfurter Färber bekannt geworden. Vom 14. bis ins 17. Jahrhundert fand in seinem östlichen Teil ausschließlich der Handel mit Waid statt. Der ursprünglich aus Westasien stammende Färberwaid wurde seit dem 9. Jahrhundert in Deutschland, vor allem in Thüringen angebaut. In Erfurt und in einigen anderen Orten der Region erinnern noch die wie Denkmale aufgestellten Mahlsteine der Waidmühlen an die Zeit, als Waid zur Färbung von blauem Leinen diente. Auch zum Streichen von Türen, Deckenbalken und in Kircheninnenräumen wurde die Farbe verwendet. Deshalb ist es auch kaum verwunderlich, dass Erfurt durch das Waidmonopol zu großem Reichtum kam. Als durch Indigoimporte aus Übersee der Thüringer Waidhandel allmählich einging, blieb der Anger trotzdem ein wichtiger städtischer Marktplatz. Heute gehört er zu den wichtigen Erfurter Einkaufszentren. Ein Bummel über diesen historischen Platz wird immer wieder zu einer Entdeckungstour, vor allem, wenn man ihn an der Kaufmannskirche St. Georg beginnt. In ihrem Umfeld wird ein Handelsplatz vermutet. Die Kaufmannskirche, vermutlich schon im 11. Jahrhundert entstanden, galt als größte mittelalterliche Pfarrkirche der Stadt. Ihre heutige Gestalt erhielt sie durch einen Neubau nach 1291. Von ihr aus ist es nicht weit bis zum Weißfrauenkloster, das ebenfalls aus dem 13. Jahrhundert stammt. Ab 1667 wurde es als Ursulinenkloster genutzt. Es ist das einzige der zahlreichen Erfurter Klöster, das bis heute besteht. Zu seinen sakralen Kostbarkeiten gehört eines der ergreifendsten Vesperbilder Deutschlands, das Maria mit dem Leichnam Christi auf dem Schoß zeigt.

Das imposante Gebäude der Hauptpost verdeckt zunächst den Blick auf die etwas unscheinbar wirkende Lorenzkirche. Das mittelalterliche Gotteshaus wurde im späten 17. Jahrhundert unter anderem von Jesuiten genutzt, die in direkter Nachbarschaft ein Kolleg bauen ließen, einen dreigeschossigen Barockbau, der zu den eindrucksvollen Architekturzeugnissen des so genannten Jesuitenstils zählt. Nach der vorübergehenden Aufhebung des Ordens wurde das Gebäude ab 1822 als Schule genutzt. Es ist nicht das einzige barocke Bauwerk auf dem Platz: Maximilian von Welsch baute 1705 bis 1711 am Anger den kurmainzischen Waage- und Packhof. Damit entstand ein prächtiger vierflügeliger Barockbau, in dem sich heute das Angermuseum befindet. Zu den interessanten Häusern gehört auch der Renaissancebau „Schwarzer Löwe". Hier war während des Dreißigjährigen Krieges die schwedische Statthalterei untergebracht. Nur wenige Schritte vom „Schwarzen Löwen" entfernt steht das Haus Dacheröden, in dem neben anderen bedeutenden Persönlichkeiten auch der Mainzer Statthalter Karl Theodor von Dalberg und Friedrich Schiller verkehrten. Der junge Schiller lernte hier seine spätere Frau, Charlotte von Lengefeld, kennen. So ist der Anger seit eh und je nicht nur ein Platz des Handels und Wandels sondern auch ein Ort der Geschichte und der Geschichten.

Die gute Stube
Vom Fischmarkt grüßt der heimliche Roland

Welch eine Pracht! Das Haus „Zum Breiten Herd" zieht sofort die Blicke der Besucher des Fischmarktes auf sich. Das so genannte Gildehaus daneben beeindruckt nicht minder, auch wenn es wesentlich jünger ist. Schräg gegenüber lässt das „Haus zum Roten Ochsen" staunen, und das benachbarte „Haus zur güldenen Krone" erinnert daran, dass in ihm einmal die Thurn-und-Taxissche Reichspost untergebracht war. Und in der Mitte des Platzes steht ein Denkmal voller Hintersinn: Auf steinerner Säule erhebt sich ein antik geharnischter Mann, in der Rechten das Erfurter Banner. Ähnlich wie der bronzene Wolfram im Dom ist der Fahnenträger wohl das Symbol des „alten" Erfurters schlechthin: Unabhängig und frei, sich seiner Rechte bewusst und diese schützend, so will er verstanden werden. Er hat bedeutende Vorbilder: die Rolandsfiguren der mächtigen Reichs- und Hansestädte. Dass derlei Bürgersinn den Erfurter Stadtherren, den Erzbischöfen von Mainz, kaum gefiel, lässt sich wohl denken. Erst recht, wenn man bedenkt, dass diesem Standbild gegenüber das Rathaus steht. Der Fischmarkt kann als die gute Stube der Stadt bezeichnet werden. Schon die genannten Bauwerke geben dazu genügend Anlass. Freilich, vom hier einst regen Fischhandel ist heute nichts mehr zu spüren. Zum ersten Mal wird der Fischmarkt 1293 erwähnt. Der Handel fand vor der Westseite des Rathauses statt, auf jenem Platz, der auch als Erfurts historischer Mittelpunkt gilt. Ein hier zunächst als Kaufhaus errichtetes Gebäude wird schon 1275 als „curie consulum Erfordensis civitatis", also als Rathaus erwähnt. Als zwischen 1870 und 1874 das heutige neogotische Rathaus errichtet wurde, musste wertvolle alte Bausubstanz dem imposanten Neubau weichen. Kein Geringerer als Karl Friedrich Schinkel hatte geraume Zeit zuvor versucht, die mittelalterlichen Gebäudeteile vor dem Abriss zu bewahren. Mehrere ältere Bauten aus der unmittelbaren Nachbarschaft des alten Rathauses sind jedoch in das neue Gebäude einbezogen worden. Besonders interessant sind dabei zwei Turmkörper, die an so genannte Geschlechtertürme erinnern, wie sie in italienischen Städten noch häufig zu finden sind. 1874 wurde das neue Rathaus nach den Vorlagen der Architekten Theodor Sommer und August Thiede fertig gestellt. Das Treppenhaus und der Festsaal sind mit prächtigen Historienbildern geschmückt, die über die Geschichte Thüringens und der Stadt Erfurt berichten. Aller-

dings sucht man darin die bildhafte Darstellung eines wichtigen Gebäudes, das zum Fischmarkt gehört, vergebens. Dabei war das „Haus zum Paradies und zum Esel" Ort recht turbulenten Geschehens. Zunächst fällt bei seiner Baugeschichte auf, dass auch hier die für viele mittelalterliche Bürgerhäuser in Erfurt typische additive Bauweise bewundert werden kann: Im Laufe der Jahre wurden mehrere Parzellen überbaut und zu einem Grundstück vereint. Trotz eines scheinbar geschlossenen Baukörpers sind bei näherer Betrachtung bis heute die ursprünglichen Gebäudestrukturen recht gut erkennbar. Noch aus dem 13. Jahrhundert stammt ein über quadratischem Grundriss erbauter Turm. Unklar ist, ob es sich dabei um einen in dieser Zeit häufig in größeren Städten anzutreffenden Wohnturm handelt. Aus dem späten 14. Jahrhundert stammt ein daran anschließender, im Untergeschoss massiv ausgeführter Fachwerkbau. Mit diesem ist wiederum ein rund fünfhundert Jahre jüngeres Gebäude verbunden, das zu Lagerzwecken errichtet wurde. Das Gebäudeensemble wird durch einen Bau komplettiert, der auf einem aus dem 13. Jahrhundert stammenden Keller 1469 mit ebenfalls massivem Erd- und Fachwerkobergeschoss entstand. Auf engem Raum sind also rund 600 Jahre Baugeschehen zu besehen. Ist diese Tatsache schon bemerkenswert, so lenkt noch ein anderer Umstand das Interesse auf das Haus. Ein aufsehenerregendes Ereignis hat 1369 die Erfurter Bürgerschaft beschäftigt und deren Meinung über den im Land ansässigen Adel nicht gerade positiv beeinflusst. Über den Burggrafen Albrecht II. von Kirchberg, der aus einem Geschlecht stammt, das die Stadt häufig befehdet hat, weiß der Chronist zu berichten: „Anno 1369 trug sich der seltsame Casus in Erfurth zu, Burggraf Albrecht zu Kirchberg zog in das Hauß zum Paradieß ein, legthe sich zur Wirtin und beschlieff sie. Es kam aber der Mann mit seinem Knechte darzu und erstach ihn. Darauf schleppten sie den todten Cörper nacket und bloß vors Gerichte, da er als ein Ehebrecher und undanckbarer Gast zur Stadt todt hinaus geführt, und geköpft wurde." Nicht jede Paradiespforte führt also, zumindest im mittelalterlichen Erfurt, auch wirklich in das Paradies. Wenige Schritte führen allerdings von hier zu Erfurts berühmtester Brücke, zur Krämerbrücke.

2

Die Krämerbrücke

Quirliges Treiben über dem Wasser

Vermutlich existierte die Brücke mit Häusern, wenn auch nur aus Holz, schon zu Zeiten Karls des Großen im 8. Jahrhundert. Wer sie betrat oder befuhr, kam trockenen Fußes oder trockenen Rades von einem zum anderen Ufer, für Reisende und Kaufleute auf der Via Regia eine recht komfortable Angelegenheit. Die Hohe Straße, wie der Ost und West verbindende Handelsweg auch genannt wurde, hatte nicht überall derlei bequeme Fluss-querungen zu bieten. 1156 wird die Brücke zum ersten Mal in einer Urkunde erwähnt und auch vom Handel mit Gewürzen, Stoffen und Geschmeide auf der Brücke gesprochen. Welch ein Treiben mag auf dem schmalen Weg zwischen den Kirchen des Heiligen Ägidius und des Heiligen Benedikt geherrscht haben, wenn dort gehandelt, transportiert, gefeilscht, gewandert und geritten wurde! 1325 wurden die Brückenbögen aus Stein errichtet. Die Holzkonstruktionen waren im 12. und 13. Jahrhundert nicht weniger als sechsmal verheerenden Bränden zum Opfer gefallen. Der Erfurter Rat hatte 1293 alle Brückenrechte erworben – damit war die entscheidende Voraussetzung für einen feuersicheren Neubau gegeben. Anstelle der Holzbrücke entstand nun aus Kalk- und Sandstein eine fast 80 m

lange Gewölbebrücke. Als 1472 abermals ein großes Feuer die Häuser in Schutt und Asche legte, erhielt die Krämerbrücke beim Wiederaufbau ihre heute noch bestehende Form. Kaum vorstellbar ist jedoch, dass dabei auf der Brücke 62 Fachwerkgebäude einer Höhe von 13 – 15 Metern dreigeschossig errichtet wurden. Nun war die Krämerbrücke etwa 26 m breit, zwischen den Häusern öffnete sich eine Straßenschlucht mit einer lichten Weite von 5,5 m. Zu Beginn des 16. Jahrhunderts wurde es allmählich üblich, von der Krämerbrücke zu sprechen, und diese Bezeichnung für die malerische Hausbrücke hat sich bis zum heutigen Tag erhalten. Sie ist zum Synonym für die mittelalterliche Stadt Erfurt geworden. Wenngleich in den vergangenen Jahrzehnten immer wieder Instandsetzungs- und Rekonstruktionsarbeiten den Fortbestand des einmaligen Baudenkmals sicherten, so ist doch seit 1996 durch die Einrichtung der Stiftung Krämerbrücke der Stadt Erfurt eine wichtige Voraussetzung für die langfristige Erhaltung des Kulturdenkmals geschaffen worden. Die Stiftung widmet sich indes nicht nur der Bewahrung der Krämerbrücke und ihrer Brückenhäuser. Ein nicht geringer Teil des Stiftungszwecks besteht in der Gewährleistung einer denkmalgerechten Nutzung der Brückenbauten, die mittlerweile durch Gewerbe, Handwerk, Ladenlokale, Antiquitätengeschäfte und kleine Galerien ein ganz eigenes „Krämerbrückenmilieu" entfaltet haben. Dass dieses Ziel der Stiftungsarbeit bereits erreicht worden ist (man kann es Tag für Tag beobachten), kommt natürlich nicht von ungefähr. Die wieder erstandene alte Schönheit der Krämerbrücke hat ihren Preis. Bislang sind in die Instandsetzung von zwölf Brückenhäusern weit über vier Millionen Euro geflossen. Durch die Gelder, die zum Teil auch aus Spenden stammen, konnte zum Beispiel bei sehr aufwendigen Sanierungsarbeiten im Haus Nr. 17 auch ein Café und ein kleines Hotel eingerichtet werden. Und das täglich geöffnete Haus Nr. 31 – das Haus der Stiftungen – bietet einen umfassenden Einblick in die Geschichte und Gegenwart dieses architektonischen Kleinods. Wenn Tag für Tag unzählige Besucher hier trockenen Fußes die Gera überqueren, ahnen sie kaum, dass sie dabei auf einem der wichtigsten mittelalterlichen west-östlichen Handelswege, der Via Regia, entlangbummeln. Dabei kann jeder Stein, jeder Balken, jedes Haus auf seine Weise dazu eine ganz eigene Geschichte erzählen.

Das „deutsche Rom"

Hier waren sie alle: Bonifatius, Luther, ...

Wer die Innenstadt zwischen Domplatz und Anger durchwandert, erlebt, dass Erfurt die wohl sinnlichste der thüringischen Städte ist. Schon die kontrastreiche, vielgestaltige Silhouette will Nähe. Jeder Gang durch die Gassen und Straßen, über Brücken und Plätze ist einer durch Erfurts Geschichte.

Die erste Nachricht über den Ort aus dem Jahr 742 hat bereits Gewicht. Kein Geringerer als Bonifatius, der „Apostel der Deutschen", richtete einen Brief an Papst Zacharias. Dieser sollte das in „Erphesfurt" geschaffene Bistum bestätigen. Daraus folgte eine über tausend Jahre währende Abhängigkeit, zunächst von der Diözese, dann vom Erzbistum Mainz. Auch die nächste Erwähnung Erfurts zeigt, dass es sich um eine besondere Stätte handelt: 802 wird von einer Königspfalz berichtet. Zwei Jahre danach schreibt ein Mönch, dass Erfurt einer der östlichen Grenzhandelsorte im Reich Karls des Großen ist. Kirchliche Interessen wurden 836 durch ein wichtiges Ereignis deutlich: Die Severus-Reliquien kamen in die Paulskirche, die Vorgängerkirche von St. Severi. Schon dieses Geschehen während des frühen 9. Jahrhunderts deutet darauf

hin: Erfurt entwickelt sich zu einem wichtigen weltlichen und geistlichen Machtzentrum. Auf dem Petersberg wurde zwischen 1103 und 1147 das Peter-und-Paul-Kloster errichtet. Die dazugehörige Peterskirche, eine dreischiffige Pfeilerbasilika, zählt zu den bedeutendsten romanischen Bauten in Thüringen. Bereits aus dieser Zeit sind mehrere Pfarrkirchen im Stadtgebiet bekannt, namhafte Klostergründungen folgten. Angesichts der vielen Kirchtürme wurde die Stadt später das „deutsche Rom" oder „Erfordia turrita", turmreiches Erfurt, genannt. Daran hat sich bis heute kaum etwas geändert. Die markanten Kirchturmsilhouetten können als Orientierungspunkte dienen, wenn man die malerischen Gassen der Altstadt durchquert. So weisen zum Beispiel die Türme der Michaelis-, der Nikolaikirche und des ehemaligen Augustinerklosters zu jenem Stadtviertel, das als geistiges Zentrum während des Mittelalters erst im fernen Prag eine Entsprechung fand. Das Collegium maius, die Bursa Pauperum und die Engelsburg sind Stätten, die noch heute an ein glanzvolles Kapitel Erfurter Geistesgeschichte erinnern. Gelehrte von Rang wirkten an der hiesigen Universität. Studen-

ten aus Aarhus, Basel, Danzig, Krakau, Leiden und Wien suchten den Weg an die berühmte Erfurter Alma mater. Wie kurz mutet da die Strecke vom Collegium maius über die Lehmannsbrücke zum Augustinerkloster an! Und gerade diese wenigen Schritte wurden am 17. Juni 1505 folgenreich für die gesamte Weltgeschichte. Denn an diesem Tag klopfte der Magister der Freien Künste Martin Luther an die Pforte des Augustiner-Eremitenklosters. Doch nicht nur davon ist in der Altstadt zu erfahren. Luthers Behauptung, dass Erfurt seinerzeit das „Haupt in Türingen, und eine unter den größten Stätten in gantzem Teutschland" war, bestätigen auch die zahlreichen prächtigen Bürgerhäuser. Durch sie hat die Renaissance mit ihrer vielgestaltigen Formensprache und Farbenfreude Einzug in Erfurt gehalten. Der Güldene Sternberg, der Sonnenborn, die Große Arche, der Güldene Krönbacken, die Arche Noah, das Haus zur Güldenen Krone und zahlreiche andere Gebäude zeigen noch heute, dass hier handwerkliches Können und ausgeprägter Kunstsinn bewundernswerte Meisterleistungen hervorgebracht haben.

Weihnachtsbaum und Krippe
Wo der Erfurter Weihnachtsmarkt seine Mitte hat

Der Advent ist gekommen – es ist wieder Weihnachtsmarkt in Erfurt. Lichter durchglitzern die ganze Innenstadt, als ob die Sterne in den Straßen spazierengehn. Vorfreude auf das Weihnachtsfest liegt in der Luft. Eine unbestimmte frohe Erwartung, die wohl damit zusammenhängt, dass Weihnachten das Fest der Liebe ist. Alle Menschen sind wacher, freundlicher und sanfter als sonst, irgendwie verliebt. Wo kommt das her, wo hat der Weihnachtsmarkt seine Mitte? Zu Weihnachten wird die Geburt des Christkindes gefeiert, die Geburt des Lichtes und des Lebens in der dunkelsten Zeit des Jahres. Und so ist es ganz klar: Die Mitte des Erfurter Weihnachtsmarktes befindet sich in der Mitte des Domplatzes, wo vor der eindrucksvollen Silhouette von Mariendom und St. Severi unter dem großen Weihnachtsbaum die Krippe mit dem Christkind, mit Maria, Josef, den Hirten und den drei Königen aus dem Morgenland steht. Die Erfurter haben lange auf die fast lebensgroßen handgeschnitzten Holzfiguren sparen müssen und besitzen nun eine Krippe, die gewiss zu den schönsten der Welt gehört. Geschaffen wurde sie von der Holzbildhauerwerkstatt Hans & Adolf Heinzeller in Oberammergau.

Diese wurde 1945 gegründet und wird heute in der dritten Generation von Johannes Heinzeller geführt. Kirchenfiguren von Heinzeller sind in ganz Europa, in Amerika und Japan zu finden. Die berühmtesten sind die Krippenfiguren in der Westminster Abbey in London und das wohl größte handgeschnitzte Abendmahl der Welt in Steinfeld (Oldenburg). Hoch erhebt sich über der Erfurter Krippe der Weihnachtsbaum. Dass es in jedem Jahr einer der schönsten Bäume Thüringens ist, das ist Willi Wulf zu verdanken. Zwar hat er seine Firma, Tannen-Wulf in Sömmerda, die sein Großvater um 1900 im Sauerland gründete und die den gesamten Weihnachtsmarkt mit Tannengrün versorgt, längst an seinen Sohn Bastian Wulf übergeben, doch die Auswahl des Erfurter Weihnachtsbaums lässt er sich nicht nehmen. Das ganze Jahr über ist er in den Thüringer Wäldern unterwegs, verhandelt mit Förstern und Waldeigentümern, organisiert den Transport und die Aufstellung. Der Weihnachtsbaum ist nicht nur die Krone des Domplatzes, sondern des Weihnachtsmarktes insgesamt. Gleichsam ein Symbol immergrünen Lebens, strahlt er mit seinen reichen Lichtergirlanden weit in die Stadt hinein.

Adolf Steys historisches Karussell
Pferdchen, Löwen und Elefanten aus dem Land der Träume

Welch ein Trubel, welch ein Leben zieht durch die Erfurter Innenstadt. Weihnachtliche Musik, Freude, Lachen, Trommeln, Klingklang und Ausrufe, die zu immer
neuen Attraktionen locken. Das strömt durch die Straßen und alten Gassen und
ergießt sich über die Plätze. Die Karussells allerorten und das große Riesenrad auf
dem Domplatz drehen sich in diesem Fluss ausgelassener Lebensfreude wie Strudel
aus Licht und Kurzweil.

Wer hat noch nicht, wer will nochmal! Die Rufe der Schausteller haben Zauberkraft.
Und die Kinder sind kaum zu halten.

Kann es in dieser Welt der kreisenden und flirrenden Superlative noch etwas ganz
Besonderes geben, etwas, das man nicht alle Tage sehen kann? O ja, das gibt es.
Zum Beispiel das historische Etagenkarussell von Adolf Stey und seiner Tochter Ma-
nuela. Es wurde im 19. Jahrhundert gebaut und ist eines von vier Karussells dieser
Art, die in Deutschland heute noch auf Reisen sind. Etagenkarussells waren damals
auf den Jahrmärkten die Attraktion schlechthin. Und sie sind es heute noch. Denn

wer, ob groß oder klein, kann sich dem Reiz der buntlackierten Pferdchen, Löwen, Elefanten, Gondeln und Kutschen entziehen, die wie Wesen und Gefährte eines herrlichen Traumlands unter dem mit Blumen und Phantasielandschaften bemalten Karussellbaldachin dahinziehen. Sie stammen aus der Fabrik von Friedrich Heyn in Neustadt an der Orla. Dort und in Gotha befand sich einst das Zentrum der deutschen Karussellindustrie. Solche Karussells wurden anfangs von Menschen geschoben, später von Pferden gezogen, bis diese durch Dampfmaschinen und schließlich durch Elektromotoren ersetzt wurden. Wenn es also im Laufe der Zeit so manche technische Neuerung gegeben hat, so blieben die übrigen Teile, und vor allem die wunderbaren Figuren, im Original erhalten. Dies ist der liebenden Fürsorge von Adolf Stey zu verdanken, der mehrere historische Karussells betreibt – ein weiteres übrigens auf dem Erfurter Anger – und geradezu eine Passion für die wertvollen alten Stücke hat. „Es ist unsere Ehre", sagt er. Und Schaustellerehre hat Adolf Stey mehr als genug zu verteidigen. Denn nicht nur ist er der Betreiber der bekannten Münchner Rutsch'n auf dem Oktoberfest, sondern er gehört auch der weltberühmten Artistenfamilie Stey an.

Bis in das 15. Jahrhundert lässt sich die Familiengeschichte zurückverfolgen. Die Steys zogen schon damals als Gaukler und Seiltänzer von Burg zu Burg und von Jahrmarkt zu Jahrmarkt. In all den folgenden Jahrhunderten ist die Tradition nie abgebrochen. Die Artistengruppen der heute weit verzweigten Familie Stey kamen in der ganzen Welt herum, gastierten in jedem Zirkus, der je einen Namen hatte, wurden selbst Zirkusinhaber. Und immer gehörten sie in ihrem Fach zur Weltspitze.

Wie viele Erfolge, Romanzen, Schicksalsschläge und Abenteuer sie in der an all dem so reichen Zirkus- und Jahrmarktsluft erlebt haben – wer weiß das noch? Aber wenn sich die exotischen Traumlandfiguren auf dem Karussell von Adolf Stey drehen, dann kreisen auch die alten Geschichten. Und wenn die Kinder beim Karussellfahren auf dem Erfurter Weihnachtsmarkt ihr Ohr ganz dicht an den Kopf eines der bunten Holzpferde drücken, dann können sie vielleicht das Pferdchen von ihnen erzählen hören.

Der Märchenerzähler Andreas vom Rothenbarth

Im Reich der Märchen, die in einem abendblauen Mantel wohnen

Schon immer waren die kalten Monate mit ihren langen Winterabenden die Zeit der Märchen und Geschichten. Zwar ist heute das Fernsehen an die Stelle des dunklen Raunens wunderbarer Geschichten getreten. Doch im Grunde unseres Herzens ist die Sehnsucht nach der Welt der Märchen bestehen geblieben. Deshalb lassen wir uns während des Weihnachtsmarkts so gern an der Hand der Kinder in den Märchenwald auf dem Domplatz führen. Ach, da sind ja die schönen Figuren aus den Märchen der Brüder Grimm. Die gab es schon, als wir selber noch Kinder waren. Und wenn der lärmende Trubel etwas von uns abrückt, dann scheint es, als ob wir ein wenig vom lauten Zeitgeist weg zu uns selbst hingetreten sind.

Dies ist das Reich des Märchenerzählers Andreas vom Rothenbarth, der hier den kleinen und großen Besuchern all die Geschichten aus dem Märchenwald erzählt. Ein richtiger Märchenerzähler? Durchaus. Und nicht nur zur Weihnachtszeit. Andreas vom Rothenbarth ist das Jahr über im ganzen Land unterwegs und breitet in Bibliotheken, Schulen, Kindergärten, auf Veranstaltungen der Europäischen Märchengesellschaft und

manchmal auch einfach nur an einem Lagerfeuer oder auf einer Wiese seinen Märchenteppich aus.

Der studierte Informatiker wechselte den Beruf, weil es heute, so sagt er, genug Informatiker gibt, aber zu wenig Märchenerzähler. Auch viele Erwachsene haben schon bei ihm gesessen. Denn Märchen gehören nicht allein den Kindern, sondern den Menschen jeden Alters.

Und wenn dann die Geschichte mit dem magischen „Es war einmal" anhebt, dann werden auch die großen Leute still. Jeder meint dann keine fremde, sondern seine eigene Geschichte zu hören. Deshalb lautet auch eine alte Formel, mit der man den Märchenerzähler um eine Geschichte bittet: „Sieh, damit wir sehen."

Der weite Samtmantel von Andreas vom Rothenbarth ist dunkelblau wie der abendliche Himmel über dem Weihnachtsmarkt. Von noch tieferem Blau sind die vielen Geschichten, die in seinen Falten wohnen. Wenn wir ihnen recht lauschen, dann haben wir den Himmel in uns. Lieber Märchenerzähler, sieh, damit wir sehen.

Florales zur Weihnachtszeit
Die Weihnachtsbindeschau des egaparks Erfurt im Felsenkeller unter dem Dom

Dass mitten im kalten Winter Blumen erblühen, ist eines der schönsten Sinnbilder für die Adventszeit. Die alten Lieder und Legenden zum Weihnachtsfest handeln von diesem Wunder. Und wir selber sind – bewusst oder unbewusst – dessen eingedenk, wenn wir die Barbarazweige auf den Tisch stellen und den Adventskranz schmücken. In der Blumenstadt Erfurt aber wird das winterliche Blumenwunder in ganz besonderer Weise gefeiert.

Während des Weihnachtsmarktes nämlich findet im Felsenkeller am Domplatz die Ausstellung „Florales zur Weihnachtszeit" statt. Man steigt dort am Fuße des Dombergs die Kellerstufen hinab, das Tageslicht schwindet, und unversehens befindet man sich in einer blühenden, grünenden und duftenden Zauberwelt, die den unterirdischen Blütenreichen romantischer Märchen gleicht. Da fragt man sich, wie das alles entstanden sein mag und welche kunstfertigen Hände all diese Pracht floraler Gebinde schufen.

Nun, die Weihnachtsbindeausstellung gibt es schon seit 1986. Sie wurde zunächst im Gartenbaumuseum auf dem Gelände der iga, der Internationalen Gartenbauausstel-lung, gezeigt. Als dann in den neunziger Jahren aus der iga die ega wurde, zog die Weihnachtsbindeschau in die Erfurter Innenstadt, wo sie 1998 mit dem historischen Felsenkeller unter dem Domberg in unmittelbarer Nachbarschaft des Weihnachtsmarkts einen idealen Ort gefunden hat. Seit dem Jahr 2004 entsteht die Ausstellung in Zusammenarbeit mit dem Dresdner Institut für Floristik an der SBG Dresden, der Sächsischen Bildungsgesellschaft für Umweltschutz und Chemieberufe Dresden mbH, unter der Leitung der Diplom-Grafikdesignerin Johanne de Carnèe. Führende Floristen aus Thüringen und aus ganz Deutschland sowie Absolventen des Instituts für Floristik zeigen in den Nischen des Felsenkellers Meisterwerke ihrer Kunst und locken damit jährlich mehr als 20 000 Besucher an.

Viele Besucher kommen immer wieder, manche von ihnen haben bisher jede Ausstellung gesehen. Und das Wiederkommen lohnt sich, denn in jedem Jahr steht die Ausstellung unter einem neuen Thema, zeigt neue Ideen und neue Kombinationen. So wurde sie 2001 gemeinsam mit den Partnerstädten von Erfurt gestaltet. In den folgenden

Jahren wurden die kunstvollen Gebinde zusammen mit Meißner Porzellan, edlem Glas und Holzkunst arrangiert; 2006 hieß das Thema „Weihnachten im Wandel der Zeiten" und 2007 „Märchenhaftes Weihnachten".

So verschieden die Themen auch sein mögen, aus dem freien Spiel der Gestaltung entsteht immer ein ausgewogenes Verhältnis zwischen Modernität und Traditionalität, so dass sowohl ältere als auch junge Besucher von der Ausstellung angezogen werden. Ob sie gekommen sind, um sich einfach nur etwas Schönes anzusehen oder weil sie hier Anregungen für die Gestaltung der eigenen Adventsgestecke suchen, sie alle sind, sobald sie den Felsenkeller betreten haben, wie verzaubert. Und manchem soll es dort schon so gegangen sein wie den Märchenhelden, die in ein unterirdisches Feenreich gelangten: Sie glaubten sich nur einen Augenblick dort aufgehalten zu haben, doch als sie wieder an das Tageslicht kamen, war viel, viel Zeit vergangen. Es werden in unserem Falle wohl nicht wie im Märchen Monate oder Jahre gewesen sein – aber Stunden gewiss.

Die ganze Welt auf dem Domplatz
Erfurter Gastfreundschaft rund um den Weihnachtsmarkt

Wenn man zwischen all den Buden, Ständen und Schaustellerattraktionen des Weihnachtsmarktes spazierengeht, kann man in dem Trubel, der hier herrscht, auch einen Trubel verschiedener Dialekte und Sprachen vernehmen. Da wird nicht nur norddeutsch, bayrisch oder rheinländisch gesprochen, gesächselt oder geschwäbelt, da hört man auch englische, japanische, russische oder französische Wörter. Es scheint, als ob die ganze Welt auf dem Domplatz versammelt wäre. Denn die Gastfreundschaft Thüringens ist sprichwörtlich, die der Landeshauptstadt Erfurt erst recht. Dies erfährt man nicht nur bei einem individuellen Bummel durch die Innenstadt, sondern auch bei einem Blick auf die vielen weihnachtlichen Angebote der Tourismus Gesellschaft Erfurt.

Schon am 10. November, dem Vorabend des Martinstags, der sowohl an den Stadtpatron Martin von Tours als auch an Martin Luther erinnert und an dem früher einmal die Adventszeit begann, laden die Erfurter Restaurants zum traditionellen Martinsgansessen ein. Dies war einst das letzte Festessen vor der vorweihnachtlichen Fastenzeit. Man beschließt es am besten bei einer Tasse Kaffee und den unwiderstehlichen Martins-

hörnchen als süßer Beilage. Im Advent gibt es dann zunächst das Pauschalangebot „Weihnachtliches Erfurt", zu dem neben zwei Übernachtungen eine Stadt- und eine Domführung, natürlich ein Bummel über den Weihnachtsmarkt, der Besuch eines historischen Restaurants und ein kleines Weihnachtspräsent gehören. Aber auch für Individualreisende ist gesorgt. „Weihnachtszeit − schöne Zeit", so heißt eine historische Stadtführung mit dem Weihnachtsmann, einer Weihnachtsfrau, dem Nikolaus oder ganz und gar mit einem Engel. Möchte man lieber nicht zu Fuß gehen, dann wählt man am besten die Altstadt-Tour im bequemen und überdies witterungsunabhängigen Bus und lässt sich von erfahrenen Stadtführern durch das mittelalterliche Erfurt sowie auf die Festung Petersberg begleiten. Ein ganz besonderes Angebot indessen halten die Erfurter Konditoren während der Weihnachtszeit für die Gäste der Stadt bereit. Im Rahmen eines Seminars gewähren sie Gruppen Einblick in das Geheimnis der historischen Rezeptur des Erfurter Schittchens, der schon seit dem Mittelalter bekannten Erfurter Weihnachtsstollenspezialität.

Erfurter Schittchen

Der ganz spezielle Stollen

Für Erfurter ist das Schittchen im Advent und zur Weihnacht eine Tradition, vielleicht sogar ein Muss. Kommt man von etwas weiter her, dann ist der Begriff „Schittchen" unbekannt bis unverständlich. Was ist also dran am und drin im Erfurter Schittchen, dass sich sogar ein eigener Schutzverband um die Belange dieses sehr leckeren Weihnachtsgebäcks kümmert? Das Erfurter Schittchen ist ein speziell zubereiteter Weihnachtsstollen, der im mitteldeutschen Raum auf eine lange Tradition zurückgreifen kann. Bereits 1329 findet sich in Naumburger Akten die erste Erwähnung. Im 15. Jahrhundert taucht der Christstollen in der Stadt Dresden auf, wobei dieses mittelalterliche Fastengebäck anfangs nur aus Hefe, Wasser und Mehl bestand. Nach den katholischen Regeln waren Butter und Milch für die Zubereitung von Brot und Gebäck damals nicht erlaubt. Jedoch wurde im Jahre 1450 Papst Nikolaus V. vom Kurfürsten Ernst von Sachsen und seinem Bruder Herzog Albrecht gebeten, das strikte Butterverbot aufzuheben. Der Papst gab nach, sandte ein Schreiben (den so genannten „Butterbrief") und erlaubte damit gehaltreichere Zutaten.

Ein halbes Jahrhundert später, um das Jahr 1500, wurde auf dem Dresdner Striezelmarkt in der Weihnachtszeit „Christbrote uff Weihnachten" angeboten und verkauft.

Das Besondere am Erfurter Schittchen sind nun aber nicht nur die streng gehüteten Rezepte, sondern auch die Form des Stollens. Der Name stammt wahrscheinlich von dem „Scheid", einem Schnitt in der Mitte des Stollens in Längsrichtung. Dieser Schnitt dient allerdings nicht nur der besseren Portionierung, sondern ermöglicht auch die bessere Aufnahme der zerlassenen Butter, die nach dem Backen auf das Schittchen aufgetragen wird. Das Erfurter Schittchen ist ein unwiderstehlich leckeres Weihnachtsgebäck.

Für mutige Bäcker hier ein Rezeptvorschlag:

Zutaten: 2,5 kg Weizenmehl, 300 g Hefe, 3/4 l Milch, 200 g Zucker, 4 Päck. Vanillinzucker, abgeriebene Schale von ein bis zwei Zitronen, 35 g Salz, 150 g Schweinefett, 1 kg Butterschmalz, 200 g Zitronat, 100 g Orangeat, 80 g bittere Mandeln oder eine entsprechende Menge Bittermandelaroma, 400 g süße Mandeln gehackt und gemahlen, 1 1/2 kg Sultaninen, 250 g Korinthen, Rum oder Weinbrand, Butter, Zucker, Puderzucker.

Zubereitung: Am Abend vor der Teigbereitung die Zutaten in einen warmen Raum stellen und die vorbereiteten Sultaninen und Korinthen ordentlich mit Rum anfeuchten.

Am nächsten Tag in das gesiebte Mehl eine Vertiefung drücken und darin die mit etwas handwarmer Milch verrührte Hefe zu einem mittelfesten Vorteig (Hefestück) verarbeiten. Nach dem Aufgehen Zucker, Gewürze, Fett, Butterschmalz, geraspeltes Zitronat, zerkleinerte Mandeln sowie warme Milch nach Bedarf unterwirken, erst dann Sultaninen und Korinthen zugeben. Den gründlich durchgearbeiteten Teig warm, aber nicht zu nahe an den Ofen stellen, damit das Fett nicht austreten kann. Nach mindestens zweistündigem „Gehen" den Teig zusammenstoßen, nochmals kurz durcharbeiten und in 1 oder 1 1/2 kg schwere Stücke aufteilen. Die Teigstücke brotähnlich formen und längs jeweils 1 cm tief einschneiden. Den geformten Teig ohne weiteres „Gehenlassen" bei guter Mittelhitze etwa 60 Minuten backen. Danach die Stollen abkühlen lassen, buttern und zuckern. Dabei sollte am besten in folgender Reihenfolge vorgegangen werden: Butter, feiner klarer Zucker, Butter, Puderzucker.

Die Weihnachtsbackstube hat geöffnet

Lecker und gesund – die Öko-Plätzchen

Was wäre Weihnachten ohne das Backen von Plätzchen, Pfefferkuchen und – für ganz Ambitionierte – auch von Stollen? Besonders für Kinder ist das ein großer Spaß und ein befriedigendes Erlebnis, selbst Hand anzulegen und ein greifbares und mit Stolz zu präsentierendes Ergebnis zu erzielen, das auch noch essbar ist. Die Zutaten zusammen rühren, den Teig kneten, die Plätzchen ausstechen – eine anstrengende Arbeit, die man aber bei all der Freude gar nicht spürt.

Jedes Jahr lädt der Thüringer Ökoherz e.V. in seine Öko-Backstube auf den Erfurter Weihnachtsmarkt ein. Das Angebot richtet sich an Kinder, Familien und Senioren, auch Firmen und Vereine sind herzlich eingeladen. Alle Zutaten stammen aus dem ökologischen Landbau. Gezeigt wird, wie aus dem einfachen Getreidekorn das Vollkornmehl für den Plätzchenteig entsteht. Besonders die Kinder gehen mit großem Eifer ans Werk und staunen, welche wunderbaren Dinge aus den wenigen gesunden Zutaten entstehen. Außerdem ist das Plätzchenbacken in der Backstube nicht nur eine schöne Beschäftigung, sondern lohnenswert, da das Naschen des fertigen Gebäcks nicht zu kurz kommt.

Weigelt's Schmalzbäckerei
Ein Schaustellerleben bereits in der 4. Generation

Läuft einem beim Betrachten des linken Bildes nicht schon das Wasser im Mund zusammen? Leckere Kräbbelchen – in Thüringen auch Schmalzkuchen genannt – backen gerade im Schmalz aus. Nur weniger Minuten bedarf es, und aus einem weißen und wenig anschaulichen Teigstreifen oder einer Teigkugel ist ein goldgelbes, knuspriges und verführerisches Etwas entstanden. Übrigens: Zum Backen wird nur noch reines Pflanzenfett verwendet, der Einsatz von Schweineschmalz ist für Schausteller verboten.

Jedes Jahr zur Weihnachtszeit steht die mobile Schmalzbäckerei der Familie Weigelt auf dem Erfurter Weihnachtsmarkt und erfreut die Menschen mit dem leckeren Gebäck. Jens und Cornelia Weigelt sind stolz auf ihre ganz besonderen Schmalzkuchen, deren Teig jeden Tag frisch zubereitet wird. Bei der Frage nach dem Rezept lächelt Cornelia Weigelt und weicht höflich aus: „Es handelt sich um einen Hefeteig nach einer Rezeptur der Familie. Mehr verrate ich dazu aber nicht." Dies stört aber nicht, denn eigentlich will man die Schmalzkuchen ja nicht selbst machen, es reicht schon, den einen oder anderen beim Bummel über den Weihnachtsmarkt am Weigeltschen Stand zu genießen.

Cornelia und Jens Weigelt sind Schmalzbäcker aus Leidenschaft und das Schaustellerleben wurde ihnen bereits in die Wiege gelegt. Cornelia stammt aus der Arnstädter Schaustellerfamilie Jacobi und lebt und liebt diesen Beruf schon in der 4. Generation. Ihre Eltern betrieben im Berliner Plänterwald einen Fisch-Imbiss und Glücksräder. Jens Weigelts Eltern verkauften am gleichen Platz gebrannte Mandeln. Allerdings mussten sie ihr Angebot 1982 abrupt ändern, da die Rohstoffe für die Herstellung der gebrannten Mandeln nicht mehr beschafft werden konnten. Dies war auch die Geburtsstunde von Weigelt's Schmalzbäckerei. Denn ab diesem Zeitpunkt brutzelten Kräbbelchen und Apfeltaschen im Weigeltschen Verkaufsstand und wie so oft wurde aus der Not eine Tugend.

Für den Erfurter Weihnachtsmarkt haben sich die Weigelts eine Novität ausgedacht: Erstmalig werden die Schmalzkuchen mit Apfelmus oder Vanillesoße angeboten. So kann der Weihnachtsmarktbesucher selbst entscheiden, ob er die traditionelle Variante mit Staubzucker wählt oder seinen Gaumen zusätzlich mit einer Soße verwöhnen will.

Rote Erdbeeren und Schokofrüchte

Leckereien auf dem Erfurter Weihnachtsmarkt

Marlenes Augen leuchten: Hier ein Stand mit vielen Süßigkeiten, dort werden leckere Früchte mit Schokolade überzogen. Wo man auch hinschaut, überall entdeckt das vierjährige Mädchen lockende Spezereien. Eben hat sie noch mit gemischten Gefühlen vor dem Weihnachtsmann gestanden und beklommen mit ihm gesprochen. „Was soll man schon sagen, wenn man vor einem so großen Mann steht, der mit dunkler Stimme fragt, was man sich wünsche?", denkt sich das kleine Mädchen. „Hätte ich mich nur mal umgeschaut! So ein Apfel am Stiel mit leckerer Schokolade, das wäre sicherlich ein Wunsch. Oder hier, die leckeren Gummitierchen – und da drüben, die schönen roten Erdbeeren, mmmh. Aber Papa hat ja auch nichts gesagt. Hatte er etwa Angst? Nun gut, jetzt bin ich ja wieder sicher auf seinem Arm." „Schau mal, Marlene", sagt nun ihr Papa, „hier sind doch die Marzipankartoffeln, die du und die Mama so lieben. Lass uns welche kaufen." Und den kleinen Lebkuchen-Teddy zum Umhängen gibt es dazu. Für Marlene ist es heute wie im Weihnachtswunderland, denn nun geht es zum Karussell und zur Kindereisenbahn – ein Tag, der nie zu Ende gehen soll.

Fast 1 000 Jahre alt – der beliebte Lebkuchen

Ein Gebäck zum Essen, zum Verschenken und als kleiner Botschafter

Ein Weihnachtsmarkt ohne Lebkuchen ist kein Weihnachtsmarkt. Das altehrwürdige Gebäck ist seit fast eintausend Jahren im deutschen Raum bekannt und nach wie vor äußerst beliebt. Noch heute streiten sich die Gelehrten über den Ursprung des Namens. Am wahrscheinlichsten ist die Theorie, dass der Begriff „Lebkuchen" von „libum" abstammt, welches im Lateinischen soviel wie Fladen heißt.

Schlendert man über den Erfurter Weihnachtsmarkt, dann besticht die Vielfalt der angebotenen Varianten. Handgefertigte Lebkuchen in traditionell rechteckiger Form finden sich ebenso wie eine Vielzahl von Sonderformen. Beliebt bei Jung und Alt sind die Lebkuchenherzen mit Inschrift, erlauben sie doch, dass man mit einfachen Mitteln Dinge sagen kann, die man sonst vielleicht nicht aussprechen würde.

Der Oblaten-Lebkuchen, wie wir ihn heute kennen, entstand in den Klöstern im Mittelalter. Die Mönche setzten die Teigmasse auf Oblaten – die „hostia oblata" –, um zu verhindern, dass der Teig auf dem Backblech anklebt. Sie schufen damit ein Backwerk, das schon bald zu den beliebtesten Spezialitäten klösterlicher Backkunst zählte.

Zum Süßen des Gebäckteigs wurde Honig und für den typischen Geschmack orientalische Gewürze wie Zimt, Nelken, Ingwer oder Muskat verwendet. Als Treibmittel kommen Pottasche oder Hirschhornsalz anstatt Hefe zum Einsatz, was dem Gebäck die bekannte herbe aber leckere Geschmacksnote gibt. Zur Verfeinerung des ohnehin guten Geschmacks werden dem Gebäck meist Mandeln, Nüsse, Zitronat oder Schokolade beigemengt. Die Lebkuchen, wie wir sie heute kennen, waren aber schon um das Jahr 1296 in Ulm als Pfefferkuchen bekannt und rund 100 Jahre später tauchten sie in Nürnberg auf.

Ruhm und Tradition des Nürnberger Lebkuchens sind in der Lage der Reichsstadt am Schnittpunkt der Handels- und Gewürzstraßen begründet. Außerdem wurde im Reichswald rund um Nürnberg die Bienenzüchterei intensiv betrieben. So war man direkt an der süßen Honigquelle. Auch heute ist Nürnberg ein Zentrum der Lebkuchenherstellung und so verwundert es nicht, dass auch auf dem Erfurter Weihnachtsmarkt diese Region mit einem reichhaltigen Sortiment vertreten ist.

Kleine Köstlichkeiten in Schwarz und Weiß

Pralinen – die zarte Versuchung in der Confiserie am Fischmarkt

Am Erfurter Fischmarkt ist ein kleines Eldorado für Schokoladenfans entstanden. Hier bietet Rotstern feine handgemachte Schokoladen und Pralinen an. Kaum ein Wunsch nach süßer Erfüllung bleibt offen. Besonders in der Weihnachtszeit, wenn zeitig die Dämmerung einsetzt und ein kalter Wind durch die Straßen und Gassen fegt, dann kitzeln diese Pralinen unsere Glückshormone aus dem Schlaf, die, kaum erwacht, der Wintermüdigkeit schwungvoll ade sagen. Schaut man etwas genauer in die Auslagen, wird man des Staunens nicht müde. Mit großem Erfindungsreichtum entstehen aus Schokolade, Marzipan und Nougat, aus Nüssen und Mandeln die eigenwilligsten Kreationen. Ein kleiner Weihnachtsbaum aus feinster Schokolade wartet sehnsuchtsvoll auf seinen Käufer und fragt sich derweil, ob sein übergroßer Bruder auf dem Weihnachtsmarkt auch vollkommen essbar sei. Und die Rostbratwurst aus Marzipan überzieht mit Scham ein rosa Schimmer, wenn der Kunde nach dem Senf zur Wurst fragt. Fast etwas arrogant nehmen sich die hingegen die Weihnachtspralinen aus – üppig und anmutig zugleich wissen sie um ihren Charme.

Neben das klassische Angebot einer Confiserie setzen die innovativen Köpfe bei Rotstern ein breites Sortiment für Kinder. 2007 ist ein neues Produkt buchstäblich aus dem Ei geschlüpft. Aber was heißt hier eines – mit dem Sandmann, Schnatterinchen, Pittiplatsch sowie Herrn Fuchs und Frau Elster brütet gleich ein ganzer Schwarm der Stars des Abendgrußes in einer Hülle weißer und Vollmilchschokolade. Natürlich kommen nicht alle auf einmal und schon gar nicht in gleicher Pose aus dem Ei. Doch welche der Figuren sich dann aus der schützenden Schale hervor wagt, das bleibt immer von neuem zu entdecken. Der Sandmann und sein Gefolge sind zum begehrten Sammlerobjekt geworden, das nicht nur Kinderherzen höher schlagen lässt.

Thüringen ist nicht nur das grüne Herz Mitteldeutschlands, hier finden sich auch reiche kulturelle Traditionen. Auch Rotstern hat den Leselustigen ein neues Objekt der Begierde geschaffen. Die Pralinenbücher, thematisch angelehnt an die großen Denker Luther, Goethe und Schiller, können selbst im Dunkeln hervorragend gelesen werden und schaffen schnell einen lukullischen Erkenntniszuwachs. Nur einen großen Nachteil besitzen diese Klassiker des Weltgeistes – lesen kann man sie nur ein einziges Mal.

Schokolade – das fassbare Glücksgefühl

Die Rotstern-Schokoladenproduktion kehrt an ihren Ursprung zurück

„Oh es riecht gut, oh es riecht fein" – wer kennt nicht diese bekannte Weihnachtsweise? Und wahrhaftig, im Advent gehen die Vorbereitungen auf die Weihnacht mit einem bunten Bukett an wohligen Gerüchen einher. In der Saalfelder Schokoladenfabrik dagegen scheint die Weihnachtszeit immer vor der Tür zu stehen. Denn Wohlgeruch gehört hier zum Markenzeichen.

Rotstern – dieser Name ist in Saalfeld unauslöschlich mit der Schokolade verbunden. Alt ist die Tradition der Schokoladenherstellung und bekannt ist der ausgezeichnete Geschmack des schwarzen Goldes. Seit 2005 produziert die Rotstern GmbH wieder in der Saalestadt. Mittlerweile beschäftigt das Unternehmen 42 Mitarbeiter und exportiert die außergewöhnlichen Gaumenfreuden bis nach China oder Dubai.

1955 wurde die Marke „Rotstern" aus der Taufe gehoben. Saalfeld, der Geburtsort, ist bereits seit 1901 Schokoladenstadt. Denn die beiden Brüder Albert und Felix Mauxion kauften die Saalfelder Neumühle und errichteten dort eine Schokoladenfabrik. Nach den Wirren des 2. Weltkrieges nahm der Betrieb 1949 die Produktion wieder auf. Der Streit um die Namensrechte an „Mauxion" führte zur Gründung des VEB Rotstern. Die Zeit des politischen Umbruchs ließ die Marke Rotstern ab 1990 vom Markt verschwinden. Doch gleich Phönix stieg Rotstern wieder aus der Asche des Niedergangs. Hans-Uwe Alsen erwarb die Rechte an der Marke und startete mit einer unglaublichen Erfolgsbilanz. Handgemachte Schokolade und Pralinen aus dem grünen Herzen Deutschlands sind ebenso im Programm von Rotstern zu finden wie attraktive Kinderartikel.

Und wie ist es um den Geschmack der Schokolade bestellt? Die Antwort lautet: Sehr gut! Auch wenn das mit dem Geschmack so eine Sache ist, bedachten 16 Feinschmecker beim großen Schokoladentest 2007 die Rotstern Zartbitter in der Kategorie Edelbitterschokolade mit dem zweiten Platz. Ein erfreuliches Ergebnis – immerhin haben bei diesem Wettbewerb 16 Schokoladenhersteller ihre Produkte einer ausgewählten Jury vorgestellt. Ein Besuch der Schokoladenfabrik lohnt sich, denn in Saalfeld kann man schauen und staunen und kosten und schwärmen – ein wahrhaft sinnlich fassbares Glücksgefühl.

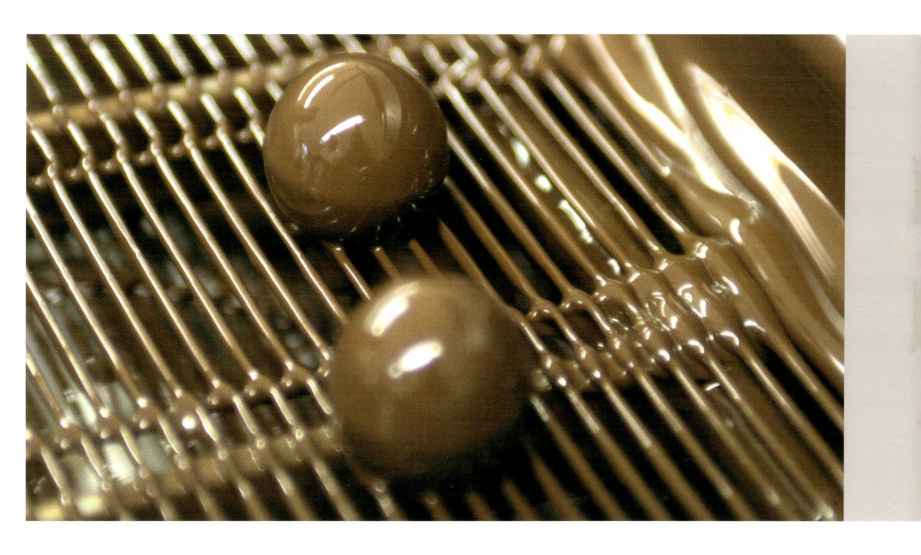

Das Thüringische Wurstparadies

Kenner schätzen die Qualität von Rotwurst und Salami

Was machen ehemalige Thüringer, wenn sie in ihre Heimat zurück kommen? Viele treffen Verwandte und Bekannte, gehen zum ehemaligen Sportverein oder besuchen ihre Taufkirche. Die meisten aber schauen bei ihrem alten Fleischer vorbei und kaufen gleich auf Vorrat für die nächsten Wochen. Der Geschmack der Thüringer Wurst ist und bleibt unnachahmlich und unvergesslich.

Ein regelrechtes Kunstwerk der Wurstherstellung ist die Thüringer Rotwurst. Experten meinen, dass solch eine Wurst nur entstehen konnte, weil sich Generationen von Fleischern mit Leib und Seele der Wurstherstellung verschrieben haben. Eine fast Faustische Besessenheit über Jahrhunderte hinweg hat uns also die Rotwurst, wie wir sie kennen, beschert. Die Wurst selbst besteht aus magerem Schweinefleisch und einem kleinen Anteil Schweineleber und erhält ihren typischen Geschmack durch schwarzen Pfeffer, Zwiebeln und Majoran. Und anders als die typische Thüringer Rostbratwurst ist sie warm und kalt, am Morgen, als Hauptgericht zum Mittag und zum Ausklang des Tages in gemütlicher Familienrunde zu genießen.

Gar nicht deutsch oder gar thüringisch ist die Salami – eigentlich aus Italien stammend und im 19. Jahrhundert in Mode gekommen. Und doch gibt es in Thüringen auch für die Salami eine ganz eigene Geschichte. Die Stadt Greußen liegt zirka 35 km nördlich von Erfurt – klein, beschaulich und mit einer langen Salamitradition. Dies liegt wohl vor allem an dem milden und relativ trockenen Klima, das hervorragend zum Reifeprozess der Salami beiträgt. Schon nach wenigen Metern Fußmarsch durch die Stadt umfängt den Besucher ein köstlicher Geruch, der ihn schnurstracks zur Salami- und Schinkenfabrik führt. Bereits 1864, als vor mehr als 140 Jahren, wurde hier Schinken und Salami produziert. Politische und wirtschaftliche Turbulenzen nach 1990 führten letztlich 1999 zur Neugründung der Greußener Salami- und Schinkenfabrik GmbH. Ein junges Unternehmen, das sich dynamisch entwickelt und den Bedarf an Fleisch aus Thüringer Beständen bezieht. Die Neugründung begann gleich mit einer kleinen Sensation. Bei Räumarbeiten auf dem Dachboden der alten Salamifabrik wurden die Originalrezepturen gefunden. Natürlich gingen diese mit dem Start des Unternehmens auch erneut in Produktion.

Die Thüringer Rostbratwurst – ein Lebensgefühl

Es geht um die Wurst

Nähert man sich dem Areal des Erfurter Weihnachtsmarktes, dann muss man dieses noch gar nicht erreicht haben, um zu wissen: Weit kann es nicht mehr sein. Es riecht nach Bratwurst – der echten Thüringer Rostbratwurst. Und war der Wille auch groß, die überschüssigen Pfunde während dieser Weihnachtszeit nicht noch mehr anwachsen zu lassen, dann wird spätestens jetzt klar: Vernunft hin oder her, eine Bratwurst gehört zum Weihnachtsmarkt wie Glühwein und kandierte Mandeln. Aber eine echte sollte es schon sein.

Die Geschichte der Thüringer Rostbratwurst ist lang. Die älteste Erwähnung stammt aus dem Jahr 1404 und das erste bekannte Rezept ist in der „Ordnung für das Fleischerhandwerk zu Weimar, Jena und Buttstädt" vom 2. Juli 1613 zu finden. Ein weiteres altes Rezept überliefert das 1797 entstandene „Thüringisch-Erfurtische Kochbuch".

Wie sehr die Thüringer Bratwurst zum Lebensgefühl beiträgt, wird auch an der ihr zugestandenen Aufmerksamkeit deutlich. Denn wo in Deutschland und in der Welt gibt es ein auf eine Wurstsorte abgestimmtes Museum wie das 1. Deutsche Bratwurstmuseum? Auch der Verein „Freunde der Thüringer Bratwurst" e.V. ist sicherlich einmalig. Dieser Verein gibt zusammen mit dem Verein „Herkunftsverband Thüringer und Eichsfelder Wurst" e.V. das Zentralorgan der Freunde der Thüringer Wurst heraus. „Das Thüringer Wurschtblatt" berichtet aus dem Wurstland Thüringen, von der Wurst und über die Wurst – eben ein wahres Wurstblatt. Und natürlich küren die Vereine den Bratwurstkönig und die Wurstkönigin und vergeben jährlich den Thüringer Bratwurstpreis.

Eine echte Thüringer Rostbratwurst wird in unterschiedlichen Rezepturen mit regionaler Ausprägung angeboten. Für die Herstellung wird Schweinefleisch verwendet, das mit Kümmel, Salz und Pfeffer sowie Majoran und Knoblauch gewürzt wird. Dem Wursteig wird während der Fertigung fein geraspeltes Eis beigefügt. Diese Eiskristalleinschlüsse sorgen beim späteren Garprozess für die Entfaltung des typischen Aromas und verhindern, dass die Wurst beim Braten trocken wird.

Die echte Thüringer Rostbratwurst wird über glühender Holzkohle gegrillt. Dabei sollte die Kohle durchgeglüht sein und nicht zuviel Hitze entwickeln. So erhält die Wurst eine braune Färbung und ihre typische Geschmacksnote, ohne dass die Haut aufplatzt.

4

Eine duftende Verlockung – das Glühweinstüb'l
Heißes zur kalten Jahreszeit in den beliebten Weihnachtsmarkttassen

Die Sonne scheint, der Schnee bedeckt die Verkaufsstände rings um den Weihnachtsmarkt und es ist klirrend kalt. Die Vorfreude auf das Fest beherrscht den Marktplatz. Ausgelassene Kinder werfen Schneebälle und freuen sich über den Winteranfang. Beim Rundgang über den Weihnachtsmarkt umfängt den Besucher eine Vielzahl von Wohlgerüchen. Und plötzlich riecht es ganz intensiv nach Zimt und Wein – das Glühweinstüb'l am Dom lockt mit einer heißen Erquickung. Der speziell zubereitete Rotwein wird extra für den Erfurter Weihnachtsmarkt produziert. Er stammt aus der Toskana und wird aus der Chiantitraube gekeltert – sein spezifisches Aroma aber erhält der Glühwein erst ganz in der Nähe von Erfurt.

Verlässt der Reisende die Landeshauptstadt Richtung Norden, dann sieht er schon bald einen sich nach Westen hin ausdehnenden Höhenzug: die Fahner Höhen. Diese Region ist ein beliebtes Ausflugsziel und ein bekanntes Obstanbaugebiet. Auch Obstsäfte und Konserven sowie Fruchtweine und Spirituosen kommen aus diesem reizvollen Landstrich. Der Glühwein entsteht nach einer geheimen Rezeptur, indem der rote Chianti mit einer bunten Variation von Gewürzen verfeinert wird. Und noch etwas Besonderes ist vom Glühwein auf dem Erfurter Weihnachtsmarkt zu berichten: Das heiße Getränk wird nicht im Pappbecher oder in der Plastiktasse gereicht, sondern in speziell für den Weihnachtsmarkt hergestellten Keramiktassen. Mittlerweile sind diese zu einem begehrten Sammlerobjekt mit Kultstatus geworden. Tausende Tassen werden von den Gästen nicht mehr zurückgegeben, sie wandern als nette Erinnerung in den Küchenschrank und dienen fortan der heimischen Kaffee-, Tee- oder Kakaozubereitung.

Für Feinschmecker und gegen „starke Unterkühlung" bietet das Glühweinstüb'l eine besondere Offerte: Winterfresh – ein Mix aus Glühwein, Ramazzotti und Orangensaft sorgt schnell für ein beschwingtes Wohlgefühl.

Wem nach dem Rundgang über den Weihnachtsmarkt dann der Sinn nach einem gemütlichen Ort zum Sitzen und Verweilen steht, der kann sich in unmittelbarer Nähe der Krämerbrücke ins Café Paparazzi begeben. Denn nach all den Köstlichkeiten auf dem Weihnachtsmarkt bietet das Café eine wohlschmeckende Besonderheit – frischen, hausgebackenen Blechkuchen.

Weingut Waller

Das Geheimrezept für Glühwein: Immer mit einem kräftigen Schuss Herzlichkeit

Glühwein muss sein. Auf dem Erfurter Domplatz, wo es natürlich wie auf jedem Weihnachtsmarkt an allen Ecken und Enden die Verlockungen herrlich duftenden Glühweinstände gibt, kann man hinzufügen: Ein Besuch beim Weingut Waller muss sein. In Erfurt weiß man das. Man kommt mit der Familie oder mit Freunden hierher, bleibt ein wenig, oft auch ein wenig länger, trinkt, atmet das würzige Weinaroma, wärmt die Hände an der Tasse, lacht untereinander und scherzt mit dem Winzerehepaar Waller. Vom Scherzen kommt man rasch ins Plaudern und vom Plaudern ins Erzählen.

Wie war das eigentlich? Stammen Günter und Gisela Waller nicht aus der Mainzer Gegend? Ja, genau, aus Bubenheim in Rheinland-Pfalz, aus der Landschaft, wo der berühmte Rheinhessenwein angebaut wird. Und wie kommt man von Bubenheim nach Erfurt? Haben da vielleicht uralte historische Bande nachgewirkt, aus der Zeit, als Erfurt noch dem Erzbistum Mainz angehörte? Wer weiß. Jedenfalls gehörten die Wallers nach der Wende zu denen, die im Osten, obwohl sie hier am Anfang weder Freunde noch Verwandte hatten, Land und Leute kennenlernen wollten. Sie fuhren damals einfach los. Und wie

es so geht: Wenn Menschen offen einander begegnen, werden schnell Freundschaften und Wahlverwandtschaften geschlossen. Die Wallers schlossen sie überall. Aber in Erfurt fanden sie so etwas wie eine zweite Heimat. Es war zunächst natürlich die wunderschöne alte Stadt, die sie faszinierte. Doch was wäre die schönste Stadt ohne ihre Bewohner? Besonders unter ihnen fühlten sich die Wallers sofort heimisch. Und viele Erfurter erinnern sich noch genau, wie es damals im Jahr 1990 war, als das Weingut aus Rheinhessen zum ersten Mal auf dem Weihnachtsmarkt stand. Es gab anfangs für jedermann Glühwein umsonst und für die Kinder Schokolade. Die sind heute groß und kommen noch immer gern einmal am Stand der Wallers vorbei. Bei einer Tasse Glühwein steigen dann aus dem aromatisch-würzigen Dampf alte und neue Geschichten herauf …

Was ist nur das Geheimnis des Glühweins, dass er die Herzen weit macht? Das Rezept ist doch denkbar einfach und immer mehr oder weniger das gleiche? Günter Waller lächelt verschmitzt. Es gehört scheinbar einiges mehr dazu, als einen Topf auf eine Herdplatte zu stellen. Da ist zunächst der Wein selber. Der kommt aus einer der besten deutschen Weingegenden und vom eigenen Weingut, einem Familienbetrieb, den das Wappen eines ursprünglich bayrischen Rittergeschlechts aus dem 16. Jahrhundert schmückt. Der Glühwein wird hier also aus einem Qualitätswein bereitet, in den die Erfahrungen und Geheimnisse mancher Winzergeneration eingegangen sind. Die Spezialitäten des Weinguts Waller sind Rotweine aus mehr als zehn alten, traditionellen Rebsorten. Hinzu kommen Sekte aus Flaschengärung, Weingelees, Brände, Liköre, Traubensaft und Eiswein. Dies alles kann man am Weihnachtsmarktstand verkosten und selbstverständlich auch kaufen. Kenner und Genießer aus dem ganzen Land kommen eigens her, um zu probieren und zu bestellen. Denn die Wallers verkaufen in der Adventszeit nur in Erfurt, und sie sind immer selbst am Stand. In einem guten Wein steckt viel Geheimnis: die Rebsorte, die Erde, die Sonne, die Lage des Weinbergs, die Kunstfertigkeit des Winzers, die Lese, die Kelter, die Lagerung. Doch der beste Wein verblasst, wenn der Winzer ihn mit kalten Händen ausschenkt. Und dies scheint das eigentliche Geheimrezept der Wallers zu sein: Ob man von ihnen einen Glühwein mit oder einen ohne Schuss haben möchte – sie geben immer einen kräftigen Schuss Herzlichkeit hinzu. Und deshalb wärmt er so gut.

Lauschaer Glas

Wo der Weihnachtsbaumschmuck herkommt

Die Geschichte vom gläsernen Weihnachtsbaumschmuck aus den Tälern des Thüringer Waldes wird meist höchst rührselig erzählt. Die bitterarmen Glasbläser wären nicht mehr in der Lage gewesen, ihren Kindern vergoldete oder versilberte Nüsse und Äpfel an den Weihnachtsbaum zu hängen, und hätten deshalb derlei Baumschmuck aus Glas hergestellt.

Diese Geschichte begann um 1597, als zwei Glasmeister die Erlaubnis erhielten, im Tal des Lauschabaches, mitten im Thüringer Wald, eine Glashütte einzurichten und zu betreiben. Herzog Johann Casimir von Sachsen-Coburg erlaubte dem aus Schwaben stammenden Hanß Greyner und dem Böhmen Christoff Müller auf diese Weise, ihrem Beruf nachzugehen. Zunächst wurden in der Lauschaer Glashütte Trinkgefäße, Apothekergläser und Butzenscheiben hergestellt, erst seit der Mitte des 18. Jahrhunderts hielt die Glasbläserei vor der Lampe im Lauschatal Einzug. Diese Technik, zunächst aus Glasröhren und Stäben mit Hilfe der Flamme einer Rüböllampe Glasperlen aufzublasen, wurde im Laufe der Zeit auch zur Herstellung von gläsernem Weihnachtsbaumschmuck verwendet. Seit Beginn des 19. Jahrhunderts erfreuten sich derlei Glaswaren schon großer Beliebtheit, der eigentliche Durchbruch auf den Weihnachtsmärkten zeichnete sich indes erst rund vierzig Jahre später ab. Voraussetzung dafür war die Verbesserung der Herstellungsverfahren.

Die Geschichte des gläsernen Weihnachtsbaumschmucks ist die des Weihnachtsbaums selbst. Erst seit dem späten 18. Jahrhunderts gehört er zum Fest genauso dazu wie auch sein Schmuck. Angeblich symbolisiert der Weihnachtsbaum den Paradiesbaum. Im Mittelalter war es üblich, während der Jahr- und Weihnachtsmärkte Mysterien-, mitunter auch Paradiesspiele aufzuführen. Mit derlei Inszenierungen wurden biblische Geschichten dargeboten, oft fanden sie am 24. Dezember statt. Dabei wurde der Paradiesbaum natürlich mit Äpfeln geschmückt. Noch bis zum Anfang des 20. Jahrhunderts waren die Darstellungen von Adam und Eva sowie der Schlange an Weihnachtsbäumen vor allem im norddeutschen Raum zu finden. Dass Äpfel, Nüsse, Gebäck und Zuckerzeug den Weihnachtsbaum schmückten, ist literarisch schon seit dem späten 18. Jahrhundert belegt.

Die Darstellungen und Berichte zeigen, dass zunächst fast ausschließlich essbarer Baumbehang verwendet wurde. Dazu gehörte auch in Modeln geformtes Festgebäck. Häufig hatte es Tier- oder Spielzeuggestalt und bekam mitunter sogar noch einen Farbanstrich. Dieser frühe Baumschmuck wurde in den Familien selbst gefertigt. Während des frühen 19. Jahrhunderts brachten es die technischen Entwicklungen mit sich, dass allmählich massenhaft hergestellter Weihnachtsbaumschmuck zum Kauf angeboten wurde. Zunächst war es vor allem Pappmaché, bunt bemalt oder mit silbrigem oder goldenem Papier überzogen. Die Geburtsstunde des Thüringer Christbaumschmucks aus Glas fällt offenbar ebenfalls in die erste Hälfte des 19. Jahrhunderts. Damals wurde zum ersten Mal im Auftragsbuch eines Glasbläsers die Bestellung von sechs Dutzend „Weihnachtskugeln" in verschiedenen Größen vermerkt. Das war bestellter Glasschmuck, der nicht etwa, wie die Legende behauptet, zum Trost der eigenen Kinder hergestellt wurde. Die Herstellung von derlei Glas war nicht ganz ungefährlich, denn zur Verspiegelung der Weihnachtsbaumkugeln nutzten die Glasbläser eine gesundheitsschädliche Zinn-Blei-Legierung. Erst ab 1870 setzte sich die Verwendung von Silbernitrat durch. Dieses Verfahren wird auch heute noch bei der Spiegelherstellung angewendet. In kürzester Zeit eroberte nun der neue Baumschmuck die Weihnachtsmärkte, -bäume und -stuben. Um den Bedarf zu befriedigen, nahm in Lauscha eine Gasanstalt ihren Betrieb auf. Nur eine sehr heiße Gasflamme ermöglichte das Blasen großer und dünnwandiger Kugeln, die durch Verlagshäuser aus Sonneberg vertrieben wurden. Auf den Weihnachtsmärkten wird die Vielfalt der Thüringer Glasherstellung deutlich. Traditionell gehören dazu liebevoll naiv gestaltete Figuren, Tiere, mitunter auch Scherzfiguren, kleine Flaschenteufel, Goethe-Barometer, Zierschalen und Trinkgefäße. Sie bestechen durch ihre Farbenvielfalt. Von besonderer Qualität, die höchsten künstlerischen Ansprüchen genügt, sind die modernen Thüringer Gläser, die kunstvoll als Hüttengläser oder dünnwandig geblasenes Glas hergestellt werden.

Thüringer Glas aus Schleiz?

Birgit Poppes Stand mit Meisterwerken der Lauschaer Glaskunst

Natürlich, Schleiz ist keine Stadt der Glasbläser, hier im Südosten Thüringens ist eher vom Schleizer Dreieck, der Motorsport-Rennstrecke, die Rede. Manch einer bringt den Ort vielleicht auch noch mit Konrad Duden in Verbindung. Aber Glas und Schleiz, das ist doch etwas ungewöhnlich. Wenn man indes durch familiäre Bindungen zum Glasbläserhandwerk kommt, dann können sich mitunter daraus Beziehungen ergeben, die auch auf den Erfurter Weihnachtsmarkt führen. So zumindest erklärt Birgit Poppe, warum sie, aus Schleiz stammend, alljährlich im Dezember jene fragilen gläsernen Kunstwerke aus dem Thüringer Wald anbietet. Mitunter meint man auf ihrem Ladentisch ein buntes Gewimmel zu sehen. Beim näheren Betrachten wird rasch deutlich: Hier tummeln sich feingliedrige Glas-Insekten, Meisterwerke der Lauschaer Glaskunst, auf die sich Kunstglasbläsermeister Falk Bauer spezialisiert hat. Nicht weniger in Erstaunen versetzen Tiere wie Elche und Hunde, denen Kunstglasbläsermeister Lothar Müller-Schmoß naturgetreue, wenn auch erheblich verkleinerte Gestalt verliehen hat. Wie viel Können dazu gehört, wird rasch deutlich, wenn man einmal einen Glasbläser bei der Arbeit beobachtet. Eine klare Formvorstellung, eine sichere Hand und das Wissen um die richtige Temperatur sind wichtige Voraussetzungen, um der heißen, formbaren Glasmasse die entsprechende Form zu geben. Dieses handwerkliche Geschick zeigen auch die gläsernen Märchenfiguren der Kunstglasbläsermeisterin Tina Brandt. Doch was wäre das weihnachtliche Angebot ohne die eigens von Birgit Poppe gestalteten Weihnachtsgehänge aus mundgeblasenen und handbemalten traditionellen Weihnachtskugeln? Schon von weitem fallen dabei die von Glasmalerin Monika Eichhorn gestalteten Landschaftskugeln auf. Und wer seine Freude an kunsthandwerklich geformtem Glas hat, das nicht nur während der Advents- und Weihnachtszeit zum Wohnraumschmuck gehört, der ist sicher von den faszinierenden Lichtmühlen begeistert, die der Glasbläser Udo Wiefel anfertigt. Und wo so vielfältig gestaltetes Glas angeboten wird, da dürfen natürlich auch die von Ing. Reinhardt Steger geblasenen Flaschenteufel genau so wenig fehlen wie die Arbeiten von den Nachwuchskunstglasbläsern der Firma Reinhardt & Jahn. Kunsthandwerklich gestaltetes Glas hat einen ganz eigenen Zauber. Sein Funkeln und Glitzern gibt auch dem Erfurter Weihnachtsmarkt einen ganz besonderen Glanz.

Thüringer Töpferhandwerk
Wenn guter Ton zum Weihnachtsgeschenk wird

Es ist ein weiter Weg von der feuchten Tonerde bis zum Hitzeschild aus Keramik an der Unterseite moderner Raumflugkörper. Es scheint unmöglich, ihn zu gehen, erst recht beim Anblick kunstvoller Gefäße auf dem Weihnachtsmarkt. Dennoch verbindet zumindest das Wort Keramik den Krug, die Schale, den Leuchter aus gebranntem Ton mit jenen Kacheln des Hitzeschutzschildes. Zwischen beiden liegt eine Geschichte, die vor rund 8 000 Jahren begann und in Thüringen seit etwa 6 000 – 7 000 Jahren geschrieben wird. Es ist die Geschichte der Töpferei. Während der Jungsteinzeit wurden in Thüringen zum ersten Mal feuchte Erden zu Gefäßen geformt, getrocknet und gebrannt, um wasserundurchlässige Gefäße herzustellen. Bei der einfachsten Methode werden entweder Tonfladen zusammengesetzt und die Übergänge verstrichen, oder dünne Tonstränge, ringförmig oder in Spiralen übereinander geschichtet, bilden, wenn sie verstrichen sind, die gewünschte Gefäßform. Diese Verfahren werden als Aufbautechnik oder als Wulsttechnik bezeichnet. Ganz anders ist die Herstellung von so genannter Scheibenware. Dabei wird die Töpferscheibe in schnelle Drehung versetzt, um den darauf liegenden Tonklumpen mit den Händen oder mit Schablonen zu einem Gefäß zu gestalten. Nach dem Formen werden die vorgetrockneten Werkstücke gebrannt. Dies geschieht bei Temperaturen zwischen 880 °C und 1 300 °C. Bei Brenntemperaturen unter 1 000 °C bleibt die Töpferware wasserdurchlässig. Werden höhere Temperaturen erreicht, setzt die Verglasung der Keramik ein. Um auch bei niedriggebrannten Tongefäßen Wasserundurchlässigkeit zu erreichen, aber auch aus ästhetischen Gründen, werden sie häufig noch mit einer Glasur überzogen.

Heute gelten Tongefäße meist als Kunstwerke. In den traditionellen Töpferzentren, zu denen auch die thüringische Stadt Bürgel gehört, gibt es jedoch zahlreiche Töpfereien, in denen das Handwerk noch in hergebrachter Weise ausgeübt und gepflegt wird. Moderne Töpfereien bieten häufig auch Keramikarbeiten an, die in der angewandten Kunst Anerkennung finden. Dazu gehören Gebrauchskeramiken, Keramikskulpturen, Reliefs und Keramikschmuck. Zu deren Herstellung werden oft sehr unterschiedliche Techniken wie Majolika, Fein-Steinzeug, Raku-Keramik und Rauchbrandkeramik angewendet.

In der Möbisburger Töpfermühle

Ein Besuch bei Hartmut Kummer, dem Innungsobermeister der Thüringer Töpfer

Die Geschichte beginnt nicht auf dem Weihnachtsmarkt sondern im Internet. Dort gibt es eine Seite, die zunächst durch ihre Farbe auffällt. Vom linken Seitenrand, in dunklem erdigen Braun gehalten, gehen die Farbtöne nach rechts in ein sattes Goldgelb über. Die Gestaltung verrät: Das ist die Seite eine Töpfers, der sich hier des Farbwandels vom feuchten Ton bis zum gebrannten Scherben bedient. Hartmut Kummer, Innungsobermeister der Thüringer Töpfer, setzt derlei Zeichen. Nicht nur sie locken zur Möbisburger Töpfermühle. Da gibt es Kurse für jedermann, bei denen man die wichtigsten handwerklichen Techniken kennen lernen kann, die ein Töpfer beherrschen muss. Dass sie nach einer gründlichen Ausbildung zu beherrschen sind, hat Hartmut Kummer selbst bewiesen. Denn zunächst beschäftigten ihn elektronische Datenverarbeitung und Betriebswirtschaft, allerdings nur solange die damit verbundenen Zwänge erträglich waren. Dann kam ein radikaler Schnitt und ein beruflicher Neubeginn als Hilfsarbeiter in der Erfurter Töpferei Reindel, danach folgten die Stationen Fach- und Meisterausbildung. Für Hartmut Kummer bedeutete dies seither eine ständige Suche nach Neuem in Gestalt, Form und Farbe, sich den schwierigsten Aufgaben zu stellen, auszuprobieren, ob das Unmögliche wirklich unmöglich ist. Eine Philosophie, die Mut verlangt und Mut macht und die, so Hartmut Kummer, dazu führt, dass man das Bestehende immer weiter perfektioniert. Nur so kann man gute handwerkliche Arbeit leisten und hat zufriedene Kunden. Dass dies so ist, sieht man nicht nur auf dem Weihnachtsmarkt, von dem der leidenschaftliche Erfurter und Thüringer meint, es gäbe keinen schöneren. Wenn man also Hartmut Kummer nicht im Dezember auf dem Domplatz trifft, dann ist die Möbisburger Töpfermühle immer der Ort, an dem man den Innungsobermeister auch bei seiner Arbeit erleben kann. Hier, in der über 300 Jahre alten Wassermühle findet man das von ihm und seiner Frau Ute hergestellte Steinzeug und Steingut. Die Keramiken mit ihren wunderbar klaren Formen erfreuen sich nicht nur bei den Erfurtern großer Beliebtheit. Und spätestens beim Anblick dieser kunsthandwerklichen Arbeiten, gleich ob in der Werkstatt oder auf dem Erfurter Weihnachtsmarkt, kann man auch jenes Farbspiel entdecken, das schon beim Anblick der Internetseite neugierig gemacht hat.

Kräuter aus dem Mittelgebirge

Ein Lebenselixier: Thüringer Olitäten auf dem Erfurter Weihnachtsmarkt

Ein Erfurter (Weihnachts-)Markt ohne Olitätenhändler, das ist einfach undenkbar. Olitäten (Naturheilmittel) gehören seit alters zu den Besonderheiten der Thüringer Märkte. Der Grund dafür ist im Land, genauer in einer seiner Landschaften zu finden. Denn es gibt eine Region von über 250 Quadratkilometern Größe, die als Thüringer Kräutergarten bezeichnet wird. Zwischen den Orten Bad Blankenburg, Großbreitenbach, Königsee und Oberweißbach herrschen gegenüber anderen Landesteilen besondere geologische und geographische Bedingungen, die durch eine besonders kleinteilige und vielfältige Struktur und eine hohe Reliefenergie geprägt sind. Aus diesem Grund findet man in den Höhenlagen zwischen 200 Metern (im tief eingeschnittenen Schwarzatal) und 750 Metern (am Kamm des Thüringer Schiefergebirges, über den der Rennsteig verläuft) eine überaus üppige botanische Vielfalt.

Diesen eher ungewöhnlichen Artenreichtum der Kräuter, Wald-, Feld- und Wiesenfrüchte nutzten die Bewohner der Mittelgebirgsregion zunächst für sich selbst. Im Laufe der Zeit entstand daraus jedoch ein besonderer Erwerbszweig, der als Olitätenhandel bald weit über die Thüringer Landesgrenzen bekannt wurde. Hier wurden Olitäten vor allem in kleinen Waldlaboratorien und Familienbetrieben hergestellt, deren Produkte wiederum durch Olitätenhändler weithin Verbreitung fanden. Als Buckelapotheker bekannt, organisierten diese den Vertrieb der Olitäten in Deutschland, aber auch in ganz Mitteleuropa. Nicht selten legten sie dabei immense Wegstrecken zu Fuß zurück. Die aus Thüringen stammenden Öle, Essenzen, Kräuterliköre und Duftwässer erfreuten sich großer Beliebtheit und manch Kräutertropfen hat bei allerlei Beschwerden Abhilfe geschaffen. Typisch für den Buckelapotheker war das „Reff", ein speziell für diesen Zweck aus Holz angefertigtes übermannshohes Tragegestell. Darauf waren die Olitäten in Tonkrügen, Glasflaschen und Spanschachteln verpackt. Um eine mögliche Konkurrenz unter den Buckelapothekern zu vermeiden, hatte jeder von ihnen ein ganz bestimmtes Absatzgebiet zu beliefern. Aus dem Olitätenhandel ist teilweise die heutige Pharma- und Spirituosenindustrie hervorgegangen. Und noch immer ziehen die Düfte und Essenzen, die im Thüringer Kräutergarten hergestellt werden, Kenner und Kunden in ihren Bann.

Kunsthandlung Valdeig

Der Maler Jürgen Valdeig zeigt die Reize der Erfurter Altstadt

In der Kettenstraße hinter dem Domplatz findet man die Kunsthandlung Valdeig. Das Haus, eines der für diesen Straßenzug typischen verputzten Bürgerhäuser, strahlt jene Behäbigkeit aus, die so typisch für die Erfurter Altstadt ist. Zu jeder Jahreszeit lässt sie Geborgenheit ahnen, allerdings ist dieses Empfinden während der Weihnachtszeit bei winterlicher Stimmung besonders intensiv. Und genau diese Atmosphäre wird fassbar, wenn man in der Kunsthandlung Valdeig oder aber im gleichnamigen Kunsthäuschen auf dem Erfurter Weihnachtsmarkt die Arbeiten von Jürgen Valdeig sieht. Mit feinem Pinselstrich beschreibt der gebürtige Erfurter seine Vaterstadt. Seine Palette mit eher gedeckten Farben gibt den Bildern einen ganz eigenen, unverwechselbaren Reiz. Es gibt kaum ein Motiv in der Erfurter Altstadt, das Jürgen Valdeig nicht festgehalten und dargestellt hat. Das Besondere an diesen Ansichten: Sie zeigen Bauwerke, Straßen und Plätze einerseits geradezu akribisch genau, die Detailtreue verrät eine intensive Beschäftigung mit den jeweiligen Themen. Andererseits ist der Blick nicht durch Beiwerk verstellt, das durch teilweise technisch bedingte Anlagen ein Bild erheblich stören kann. Das Gewirr von Oberleitungen, Verkehrszeichen und Werbetafeln erschwert häufig die Wahrnehmung malerischer Ansichten. Jürgen Valdeig zeigt seine Stadt durch das Weglassen solcher Elemente in einer idealisierten Gestalt, die den Reiz Erfurts noch deutlicher hervorhebt. Davon kann man sich übrigens ganzjährig einen Überblick verschaffen, denn seit 1991 erscheint Valdeigs Erfurter Kunstkalender. Sein ambitioniertes Schaffen ist in den siebziger Jahren des vergangenen Jahrhunderts durch den Thüringer Maler Otto Knöpfer und durch Albert Habermann geprägt worden. Bereits vor der Wende hat Jürgen Valdeig in Ausstellungen mit Alt-Erfurter Motiven auf sich aufmerksam gemacht. Zu dieser Zeit waren seine Sicht und die Darstellung historischer Straßenzüge, Plätze und Gebäude noch eher ungewöhnlich und erfuhren dadurch besondere Beachtung.

Mittlerweile sind die unterschiedlich formatierten Arbeiten auch ein fester Bestandteil des Erfurter Weihnachtsmarktes, denn nahezu programmatisch ist Valdeigs Kunsthäuschen auf dem Fischmarkt zu finden. Dieser Bereich des Weihnachtsmarktes liegt inmitten jener Stadtlandschaft, die für den Kunstmaler, Autor und Forscher immer wieder neue Anregungen und Motive bietet.

Immer gut behütet

Das Mützenhaus van Aerßen hilft bei frostklammen Ohren und Nasenspitzen

Reiner van Aerßen ist kein Erfurter, aber er steht in einer uralten Erfurter Tradition. Wenn der gebürtige Kempener vom Niederrhein seinen Weg zum Erfurter Weihnachtsmarkt nimmt, dann folgt er den Spuren jener Kaufleute, die einst auf der Via Regia genau diese Route wählten, um in Erfurt Handel zu treiben. Vor mittlerweile acht Jahren hörte er zum ersten Mal vom hiesigen Weihnachtsmarkt, und zwar durch die begeisterte Erzählung eines Freundes. Der meinte, das Markttreiben auf dem Domplatz habe eine unglaublich schöne Atmosphäre. Seitdem baut er Jahr für Jahr seine Hütte auf, wohl wissend, dass Winterzeit Mützenzeit ist. Wer hat nicht schon diese Erfahrung machen müssen, vor allem wenn eisige Temperaturen an den Ohren zwicken? Wohl jenen, die in solchen Momenten gut behütet oder, besser gesagt, bemützt sind. Doch auch bei Regen oder Sonnenschein gilt, gut behütet ist besser gelebt. Reiner van Aerßen, schon als kleiner Junge von den Hüten seines Vaters angetan, ist mittlerweile seit zwanzig Jahren damit beschäftigt, kühle Köpfe und edle Häupter vor Witterungsunbilden zu schützen. Dabei hat er übrigens beobachtet: wenn Kleider Leute machen, dann ma-

chen Mützen fröhlich. Wer sieht nicht fröhlich in einen Spiegel, wenn eine neue Mütze auf- und ausprobiert wird. Und wie viel Anlässe gibt es dafür? Mindestens genau so viele wie die verschiedensten Kopfbedeckungen! Wir wissen von Hüten, Pudelmützen, Pelzmützen, Baskenmützen, Schiebermützen, Prinz-Heinrich-Mützen, Norwegermützen und Bommelmützen. Dass diese Aufzählung beileibe nicht vollständig ist, wird schon dadurch deutlich, dass Reiner van Aerßen über hundert verschiedene Kopfbedeckungen in seiner selbstgebauten Markthütte anbietet. Darunter findet sich neben Exoten wie den so genannten Nepalmützen, Elch- oder Teufelsmützen auch Elegantes, aus dem Familienbetrieb Wegener, der ältesten deutschen Hutmanufaktur.

Die Leute, die Reiner van Aerßen hier im Laufe der Zeit kennengelernt hat, beeindrucken ihn jedes Mal neu durch ihre warmherzige Offenheit. Und das ist für den Kempener immer wieder ein wichtiger Grund, zum Weihnachtsmarkt nach Erfurt zu kommen. Wo man das Mützenhaus hier finden kann? Natürlich dort, wo fröhliches Lachen zu hören ist, weil gerade mal wieder ein Gesicht unter der neuen Mütze so ganz anders aussieht.

Christophoruswerk Erfurt

Einer nehme sich des anderen an – nicht nur zur Weihnachtszeit

Wer kennt nicht das große Wandbild des Heiligen Christophorus im Erfurter Dom? Früher malte man solche Christophorusbilder oft auch an die Außenwände von Kirchen, weil man sagte, wer das Bild dieses Heiligen erblickt, stehe den ganzen Tag unter seinem Schutz. Wunderbares wird in alten Legenden über den berühmten Nothelfer und Schutzpatron der Reisenden berichtet. Er sei ein Riese gewesen, ein starker Mann, der dem mächtigsten aller Könige dienen wollte. Da er diesen König nicht finden konnte, begann er Menschen über einen Fluss zu tragen. Eines Tages erschien ihm das Christuskind und wollte an das andere Ufer. Indem Christophorus das Kind trug, wurde es ihm schwerer und schwerer. Als er mit Mühe den Fluss durchquert hatte, sagte das Kind zu ihm: „Mehr als die Welt hast du getragen, der Herr, der die Welt erschaffen hat, war deine Bürde." So hatte Christophorus in einem Kinde den mächtigsten aller Könige gefunden.

Was in der Geschichte wie ein Wunder klingt, hat einen ganz schlichten, unseren Alltag betreffenden Sinn: Der nächste Mensch, der uns begegnet und Hilfe braucht,

wird uns, wenn wir uns seiner annehmen, zum höchsten Herrn – indem wir ihn ein Stück tragen, tragen wir die ganze Welt. Aber ist dies nur etwas für Riesen und starke Männer? Keineswegs.

Am Anfang der Geschichte des Christophoruswerks in Erfurt stand eine Frau, die Kinderärztin Dr. Pudschies. Sie war in ihrer Praxis auf die Probleme geistig behinderter Kinder aufmerksam geworden. Und sie wollte etwas tun. Sie wandte sich an die Kirchen beider Konfessionen und so wurde 1968 unter der Schirmherrschaft des Erfurter Propstes Verwiebe und des katholischen Bischofs Hugo Aufderbeck in Zusammenarbeit mit der Christengemeinschaft die Tagesstätte Christophorus gegründet. Die evangelische Stadtmission stellte Räume zur Verfügung. Anfangs konnten hier 18 Kinder im Alter zwischen 6 und 18 Jahren aufgenommen werden. 1981 schied die Christengemeinschaft aus der Trägerschaft aus und die evangelische und die katholische Kirche übernahmen die alleinige Verantwortung. 1986 zog die Einrichtung in das „Haus zum Sternberg" in der Allerheiligenstraße 8, wo sich bis heute ihr Hauptsitz befindet. Diese Adresse jedoch ist das einzige, was heute noch an die bescheidenen und oft schwierigen Jahre des Beginnens erinnert. Seitdem 1991 die Christophoruswerk Erfurt gGmbH gegründet wurde, hat sie eine beeindruckende Entwicklung durchgemacht. Sie bietet heute in einer Vielzahl von Einrichtungen des Wohnens, des Arbeitens, der Beratung und Bildung in Erfurt und Gotha Hilfe für geistig oder seelisch kranke, behinderte und sozial gefährdete Menschen an.

So ist aus dem Christophoruswerk doch am Ende ein Riese wie der Heilige Christophorus geworden? Nun, die Leute, die hier beschäftigt sind, und ebenso diejenigen, die hier betreut werden, sind ganz normale Menschen. Sie haben ihre Stärken und ihrer Schwächen. Wenn die Mitarbeiter des Christophoruswerks mit ihrer Fürsorge und ihre Hilfe andere ein Stück auf dem Lebensweg weitertragen, so werden sie selbst oft von den besonderen Begabungen und der Phantasie, aber auch von den Leidenserfahrungen der von ihnen betreuten Menschen getragen. Alle, die hier leben und arbeiten, sind auf ihre Weise Christusträger. Sie tragen mehr als die ganze Welt.

Christophorus-Werkstätten Erfurt

Weihnachtliche Geschenke aus Gottes Händen

Kleine Monde aus Holz schaukeln in der dunklen Dezemberluft. Handgezogene Kerzen hängen aufgereiht in den Farben des Regenbogens. Ein Windhauch spielt in schönen Tüchern und Decken. Auf dem Auslagetisch und in Regalen stehen vielfältige Gefäße aus Keramik. Kunstvoll geformt wie Knospen und Blütenkelche sind sie, manche himmelblau wie Vergissmeinnicht, andere in den rötlichen Erdfarben des Tons und wieder andere mit hellen pflanzenzarten Fayencen. Ein Zauber geht von all diesen Dingen aus – als seien der ganze Himmel und die ganze Erde in ihnen enthalten. Aber gab es denn auf dem Weihnachtsmarkt nicht schon so viele zauberhafte Dinge zu sehen? Was ist an diesen hier so besonders? Vielleicht gar nichts und vielleicht alles. Die kunsthandwerklichen Erzeugnisse kommen aus den Behindertenwerkstätten des Christophoruswerks Erfurt. Die Werkstätten arbeiten heute professionell nach einer für alle Unternehmen geltenden Qualitätsnorm. Die Angebote umfassen ein breites Spektrum: Hauswirtschaft und Hausreinigung, Garten- und Landschaftspflege, Küchen- und Kantinenservice, Verpackung und Montage, PKW-Handwäsche, Aktenvernichtung, Malerarbeiten, EDV- und Büroservice. Das Besondere gegenüber anderen Unternehmen aber ist, dass hier zur eigentlichen Arbeit gleichwertig viele begleitende Tätigkeiten gehören: Gebet, Entspannung, Sport und Spiel, ein Bibelkreis, ein Chor, Werkstattgestaltung, Kurse, Therapien, ein Radioprojekt und die Zeitung „Namenlos". Der Arbeitsalltag ist zugleich Lebensalltag. Für diese Einheit von Arbeit und Leben stehen in besonderer Weise die künstlerischen Werkstätten. In die Erzeugnisse der Töpferei, der Kerzenzieherei und der Näherei, die im Advent auf dem Weihnachtsmarkt und das ganze Jahr über im Werkstatt-Laden „Hand in Hand" in der Allerheiligenstraße angeboten werden, ist das ganze Leben der hier arbeitenden Menschen eingeschrieben. Ihr Leben mit all seinen Wahrnehmungen, Erfahrungen, mit seinen Freuden und Erfolgen und auch mit mancher Traurigkeit über das eigene Schicksal. Sie haben es gleichsam in Gottes Hände gelegt. Von ihnen lassen sie sich führen. Und es mag sein, dass ihnen so, Hand in Hand mit Gott, jene zauberhaften Keramiken, Textilien und Kerzen gelingen, deren Schönheit so leicht und so schwer ist wie das ganze Leben, der ganze Himmel und die ganze Erde.

Holzkunst auf der Krämerbrücke

Kunsthandwerkerin Gabriele Leuschner formt auch hartes Holz

Auf der Krämerbrücke kann man hören, wenn der Holzklöpfel den Geißfuß trifft, Hohlmeißel oder Kerbschnittbeitel ihre Spuren hinterlassen. Derlei Klänge und Geräusche entstehen bei der künstlerischen Holzbearbeitung. Die Rede ist allerdings nicht von Restauratoren, die hier allenthalben ihre Arbeit verrichten. In der Werkstatt von Gabriele Leuschner gehört der gedämpfte Ton des Klöpfels genauso zum Alltag wie das schabende und schneidende Zischen, wenn die scharfen Schneiden der Meißel und Beitel in das mitunter recht harte Holz dringen. Das ist der Werkstoff, dem Gabriele Leuschner Gestalt, Form und mitunter auch Farbe gibt. Holz: auch das der Eiche. Dabei ist es eher ungewöhnlich, dass sich eine Frau diesem Kunsthandwerk widmet. Denn Holz, einerseits leicht formbar, hat andererseits bei entsprechender Größe sein Gewicht. Um so beeindruckender, wenn man sieht, was unter den Händen von Gabriele Leuschner aus jenem faszinierenden Material entstanden ist, das oft würzig riecht oder einen ganz leichten eher lieblichen Duft verströmt. Seine unterschiedlichen Strukturen, die Linien der Maserung, die mitunter zur Formgebung anregen, faszinieren die Kunsthandwerkerin nun

schon seit über drei Jahrzehnten. Und sie lebt und arbeitet fast ebenso lange in jenem Haus Nr. 22 auf der Krämerbrücke, das durch sein Fachwerk die Holzbildhauermeisterin mit herrlichem alten Holz umgibt. Für die Wahl-Erfurterin ist es ein besonderes Glück, hier ihrem Beruf nachgehen zu können. Denn schon ihre unmittelbare Umgebung regt sie zum künstlerischen Schaffen an. Das sieht man vor allem bei ihren kleinen, aus Holz geformten Altstadthäusern. Einerseits als Spielzeug gedacht, sind die phantasievoll gestalteten Häuser und Türme ein besonderes Erfurt-Souvenir, das sich durch seine künstlerische Qualität vom allgemein üblichen Angebot unterscheidet. Die liebevoll gestalteten Gebäude verraten einen sensiblen Umgang mit dem so herrlich frei zu verarbeitenden Material Holz. Gabriele Leuschners Schaffen beschränkt sich indes nicht nur auf die Anfertigung von kleinformatigem Spielzeug. Große, aus Eichenholz gearbeitete Plastiken lenken das Interesse und die Neugier auf das weitgefächerte Spektrum ihrer Arbeit. Denn, so verrät die Künstlerin, auch andere Materialien reizen sie immer wieder, sich mit deren Gestaltungsmöglichkeiten auseinanderzusetzen.

Vom Blaudruck bis zum Strohstern

Kunstgewerbe Niklaus auf der Krämerbrücke

Das Haus Nr. 21 auf der Erfurter Krämerbrücke hat eine eigene Geschichte und es könn-te sicher unzählige Geschichten erzählen – womöglich auch jene, die behaupten, dass in Erfurt das Blaumachen und der Blaue Montag erfunden wurden. Ob dies stimmt, davon weiß Gabriele Niklaus nichts zu berichten, wohl aber von der Besonderheit des Hauses, in dem sie ihr einladendes Kunstgewerbegeschäft eingerichtet hat. Es ist unter den Brückenhäusern das schmalste und lässt bei seinem Anblick ahnen, wie einmal die ursprüngliche Bebauung der Brücke aussah. Betritt man nun den Laden von Gabriele Niklaus, dann ist doch etwas über das Blaumachen zu erfahren, allerdings nicht über jenes, das an einen Zustand nach zu intensivem Glühweingenuss auf dem Weihnachts-markt erinnert. Nein, hier ist vom Blaudruck die Rede, denn Gabriele Niklaus bietet in ihrem Kunstgewerbeladen seltene Blaudrucktextilien an. Und die gehören seit alters zum traditionellen Erfurter Handwerk. Erfunden wurde der Blaudruck allerdings nicht in Thüringen. Er stammt aus Indien. Bereits um 500 war der Blaudruck in Europa be-kannt. Allerdings sollten mehr als tausend Jahre vergehen, bevor auf diese Weise auch in Thüringen vor allem Bettzeug, Vorhänge und Frauenkleidung blau bedruckt wurden. Wer derlei Arbeiten erledigte, der trat meist einer Blau- und Schönfärberzunft bei. Das Färben oder Bedrucken mit blauer Farbe geschah hauptsächlich mit Leinenstoffen, aber auch mit Halbleinen- und Baumwollstoffen. Den so behandelten Geweben sah man nach dem Druck die sonst eher schlichte Stoffqualität so schnell nicht an, der Druck sollte vor allem teurere Textilien und aufwendige Stickereien ersetzen. Blaudruck galt als Textilkunst der armen Leute. Mit dem industriellen Textildruck verloren allerdings die meisten Blaudruckwerkstätten an Bedeutung, viele mussten schließen. Die wenigen Blaudruckereien, die fortbestanden, behaupteten sich durch ihre qualitätvolle kunst-handwerkliche Arbeit. In Erfurt gibt es heute nur noch den Handwerksbetrieb von Sigritt Weiß, in dem mit den alten Drucktechniken gearbeitet wird. Beim Blaudruck werden zwei Herstellungsverfahren angewendet. Entweder geschieht dies als Direktdruck. Dabei wird die Farbe mit dem Druckstock auf den zuvor gewaschenen weißen Stoff aufgetra-gen. Aufwendiger ist der Reservedruck. Bei diesem Verfahren entsteht ein weißes Muster auf blauem Grund. Dazu muss eine so genannte Blaudruckpapp (eine farbabweisende

Substanz) auf die Model aufgetragen werden. Mit derlei kunsthandwerklichen Erzeugnissen aus Erfurt weiß Gabriele Niklaus immer wieder das Interesse ihrer Kundschaft zu wecken. Sicher spielt dabei auch die Umgebung eine Rolle, denn nirgendwo passt traditionelles Handwerk so gut hin wie auf die Krämerbrücke. Seit 2000 betreibt Gabriele Niklaus hier ihren Laden, und sie hätte ihn wohl an keinem anderen Ort eröffnet. Die Atmosphäre auf der Hausbrücke, die Nähe zu den Gassen, Straßen und Plätzen der Altstadt, all das begeistert die Erfurterin tagtäglich neu. Dazu tragen wohl auch, so meint sie, ihre Kunden bei, die, aus allen Himmelsrichtungen kommend, natürlich auch den Weg über die Gera via Krämerbrücke nehmen. Die Gespräche, die da auch in ihrem Laden aufkommen, lassen immer wieder die Begeisterung erkennen, die das Erleben der Erfurter Altstadt bei Touristen auslöst. Das ist auch während der Weihnachtszeit zu spüren, wenn auf der Wunschliste der Kundschaft neben den verschiedenartigsten kunstgewerblichen Erzeugnissen auch Strohsterne und anderer Weihnachtsbaumschmuck sowie Keramik aus der Lausitz ganz oben stehen.

Die Goldhelm Schokoladenmanufaktur

Chocolatier Alex Kühn will uns das Leben versüßen

Gibt es eigentlich jemand, der keine Schokolade, keinen Kakao mag? Kaum vorstellbar. Denn was wäre ein Tag ohne diese dunkle, süße Verlockung, gleich in welcher Form sie uns begegnet und wir ihr auf diese oder jene Weise erliegen. In Bremen schenkte man 1673 zum ersten Mal öffentlich Schokolade aus. Von da an war die rasche Verbreitung des Kakaos und der Schokolade nicht mehr aufzuhalten. Welche Köstlichkeiten daraus hergestellt werden können, wird auf der Krämerbrücke erlebbar. Nicht auszuschließen ist, dass man über diesen Straßenzug schon vor rund 300 Jahren zumindest Kakao transportiert hat. Hier nun, an historischer Stätte, empfängt in einem der schmuck hergerichteten Brückenhäuser der Chocolatier Alex Kühn seine Kundschaft in der Goldhelm Schokoladenmanufaktur. Das ist die Adresse für jene, die Schokolade mögen. Alex Kühn, Erfurter mit Leib und Seele, welterfahren, hat hier, den Regeln der Krämerbrücke folgend, Wohnort und Arbeitsplatz vereint. Womöglich sind solche Voraussetzungen nötig, um einen wunderbaren Grundsatz zu formulieren. Der Chocolatier sieht seine Aufgabe darin, anderen „Menschen das Leben zu versüßen". Das scheint nicht besonders schwer, wenn man die Vielfalt der frischen, handgeschöpften Schokoladen zunächst nur staunend betrachtet oder einen Becher Trinkschokolade aus den besten Bohnen genießt. In solchen Augenblicken wird verständlich, dass Kakao und Schokolade als Lebensmittel galten, aber auch als Medizin, ja sogar, weil „kräftigend", als Aphrodisiakum empfohlen wurden. Von derlei Wunderwirkung ist Alex Kühn eher weniger überzeugt. Dass seine Schokolade, wenn man sie denn genießt, massenhaft Glückshormone ausschütten lässt, sei dagegen unbestritten. Denn hier schätzt man die feinen Schokoladen mit hohem Anteil an ausgewählten Edelkakaos, aus denen auch köstliche Pralinen hergestellt werden. Fragt man den Chocolatier indes, was ihm besondere Freude bereitet, was ihn wieder in Erfurt heimisch werden ließ, dann ist die Rede von einem Becher Glühwein auf dem Weihnachtsmarkt. Auf diesen Genuss freut sich Alex Kühn jedes Jahr, und so ist dies eine Freude, die der Krämerbrücke einen Chocolatier beschert hat. Welcher Duft nun aber verlockender ist, der betörende von Kakao und Schokolade oder der nach einem kräftigen Glühwein, das mag man vor der offenen Tür der Goldhelm Schokoladenmanufaktur selbst entscheiden.

Adressenverzeichnis

Café Paparazzi
Inh.: Thomas Speer, Steffi Hermann
Benediktsplatz 4
99084 Erfurt
Tel. 0361 5411803
Funk 0177 7667776
www.paparazzi-cafe.de

Christophoruswerk Erfurt gGmbH
Allerheiligenstraße 8
99084 Erfurt
Tel. 0361 600500
Fax 0361 6005011
mail@christophoruswerk.de
www.christophoruswerk.de

**Erzgebirgische Holzkunst Gahlenz
GmbH RuT**
Gahlenzer Straße 20
OT Gahlenz
09569 Oederan
Tel. 037292 6930
Fax 037292 69397
gahlenz@t-online.de
www.gahlenz.de

Goldhelm Schokoladenmanufaktur
Inh.: Alexander Kühn
Krämerbrücke 12 – 14

99084 Erfurt
Tel. 0361 6443808
info@goldhelm-schokolade.de
www.goldhelm-schokolade.de

**Greußener Salami- und
Schinkenfabrik GmbH**
Vor dem Warthügel 9
99718 Greußen
Tel. 03636 76160
Fax 03636 703246
info@greussener.de
www.greussener.de

**Herkunftsverband Thüringer und
Eichsfelder Wurst und Fleisch e.V.**
An der Auehütte 21
98574 Schmalkalden
Tel. & Fax 03683 405238
h.schubert@thueringer-wurst.de
www.thueringer-wurst.de

**Holzbildhauerwerkstatt
Hans & Adolf Heinzeller**
Inh.: Johannes Heinzeller
Dorfstraße 18
82487 Oberammergau
Tel. 08822 3676 (Laden)
Tel. 08822 3619 (Werkstatt)

heinzellercarvings@ogau.de
www.heinzeller.de

Kunstgewerbe Niklaus
Inh.: Gabriele Niklaus
Krämerbrücke 21
99084 Erfurt
Tel. 0361 7892681
Fax 0361 7892682
GNiklaus@gmx.de

Kunsthandlung Valdeig
Inh.: Kathrin Valdeig
Kettenstraße 10
99084 Erfurt
Tel.: 0361 5506730
valdeig-fineart@t-online.de

Kunstverlag Valdeig
Inh.: Jürgen Valdeig
Fuchsgrund 22
99089 Erfurt
Tel. & Fax: 0361 7920367
Funk: 0177 4071106
www.valdeig-fineart.de

**Landeshauptstadt Erfurt
Stadtverwaltung, Kulturdirektion,
Abt. Veranstaltungen und Märkte**

Benediktsplatz 1
99084 Erfurt
Tel. 0361 6551940
Fax 0361 6551949
veranstaltungen-maerkte@erfurt.de

Gabriele Leuschner
Holzbildhauerin
Krämerbrücke 22
99084 Erfurt
Tel. 0361 5623503
Fax 0361 5504447
leuschner.bruecke@arcor.de

Marktgemeinschaft ÖKOFLUR GmbH
Wohlsborner Str. 4a
99427 Weimar-Schöndorf
Tel. 03643 770747
Fax 03643 770930
info@oekoflur.de
oekotrend@t-online.de

Münchner Nostalgiekarussell
Inh.: Manuela Stey
Rosenheimer Str. 34
81667 München
Tel. 0177 3002439

Möbisburger Töpfermühle
Ute und Hartmut Kummer
Berggartenstraße 1
99094 Erfurt-Möbisburg
Tel. 0361 7968174
Fax 0361 7968108
info@toepfermuehle.de
www.toepfermuehle.de

Mützenhaus Reiner van Aerßen
Schadbruch 39
47906 Kempen
Tel. & Fax 02152 551535
Funk 0177 4444982
reinerva@gmx.de

Andreas vom Rothenbarth
Märchenerzähler
Elisabethstraße 7
99096 Erfurt
Tel. 0361 2220044
Fax 0361 2220045
andreas@rothenbarth.de
www.rothenbarth.de

ROTSTERN GmbH & Co. KG
Gewerbestraße 2
99334 Ichtershausen
Tel. 036202 75660
Fax 036202 82426
info@rotstern.de
www.rotstern.de

Stiftung Krämerbrücke
Haus der Stiftungen
Krämerbrücke 31
99084 Erfurt
Tel. 0361 6548381

SWE Energie GmbH
Magdeburger Allee 34
99086 Erfurt
Tel. 0361 5640
Fax 0361 5642054
info@stadtwerke-erfurt.de
www.stadtwerke-erfurt.de

Tannen-Wulf
Inh.: Bastian Wulf
Weißenburg 1
99610 Sömmerda
Tel. 03634 30359
     03634 692451
bastianwulf@t-online.de
www.tannen-wulf.de

Weihnachtsbindeausstellung „Florales
zur Weihnachtszeit"
**TFB Thüringer Freizeit und
Bäder GmbH, egapark Erfurt**
Gothaer Straße 38
99094 Erfurt
Tel. 0361 5643737
Fax 0361 5641702
info@egapark-erfurt.de
www.egapark-erfurt.de

Thüringer Glas
Inh.: Birgit Poppe
Windmühlenweg 13
07907 Schleiz
Tel. & Fax 03663 400935
poppe_glas@web.de
www.thueringerglaswaren.de

Tourismus GmbH Erfurt
Benediktsplatz 1
99084 Erfurt
Tel. 0361 66400
Fax 0361 6640290
service@erfurt-tourist-info.de
www.erfurt-tourismus.de

Weigelt's Schmalzbäckerei
Inh.: Jens Weigelt
Ernst-Schmidt-Straße 4g
99310 Arnstadt
Tel. 03628 660795
weigelt69@aol.com

Weingut Günter Wilhelm Waller
Hauptstraße 29
55270 Bubenheim
Tel. 06130 530
info@wallerwein.de
www.wallerwein.de

**Zeitungsgruppe Thüringen
Verwaltungsgesellschaft mbH**
Gottstedter Landstraße 6
99092 Erfurt
Tel.: 0361 227-4
Fax: 0361 227 5007
evw@zgt.de
www.zgt.de

Impressum

Eine Buchproduktion des E. Reinhold Verlages
in Zusammenarbeit mit der Stadtverwaltung Erfurt
und der Zeitungsgruppe Thüringen
mit freundlicher Unterstützung der Stadtwerke Erfurt

Herausgeber: E. Reinhold Verlag
© 2007 by E. Reinhold Verlag, Altenburg
www.vkjk.de

ISBN 978-3-937940-38-0

Texte: Hans Joachim Kessler, Klaus-Jürgen Kamprad, Klaus Jena
Fotografie: Angela Liebich (Leipzig)
Zusatzfotos: S. 15 Hans-Peter Szyszka (Erfurt)
S. 34 Concoon, S. 51 Powermind (www.photocase.de)
S. 35 Barbara Neumann (Erfurt)
S. 36 Archiv der Tourismus GmbH Erfurt
S. 46 Herkunftsverband Thüringer und Eichsfelder Wurst und Fleisch e.V.
S. 47 Greußener Salami- und Schinkenfabrik GmbH
S. 77 Pierre Kamin (Erfurt)
Bildnachweis: S. 10, 12 Stadtarchiv Erfurt
Gestaltung: Susanne Rödel, Yvonne Schmidt